오늘의 학교가 마음에 들었다

최현희

오늘의 학교가 마음에 들었다

쓰고, 가르치고, 분투하며 길어올린
사랑이라는 전문성

위고

들어가는 글   9

다시 만난 학교   15
2021년 10월 복직 첫 학기

열심히 하려는 마음에는 잘못이 없다   17
복직 후 첫 수업   20
민기   28
전국의 모든 초등학교 저학년 담임선생님들의
　　안녕을 빕니다   41
교실이라는 공공장소   47
서로의 삶을 교실로 가져와 연결하는 일   57
민기 책상   68
학교에서 마음을 지켜낸다는 것   77
저학년 수업의 열쇠   83
가장 중요한 수업의 자원은   87
긴급 학급 회의   89
안아봐도 돼요?   97
철봉 낙상 사고   99

오늘의 학교가 마음에 들었다   101
2022년 척추 부상 후 복직

1학년 배려 수업   103

일 년을 울고 웃게 될 교실에서   108

첫날   112

업무만 하다가 4시   116

아침의 교실   119

모두 16명   122

외톨이   124

작은 것을 붙들기   128

오늘의 학교가 마음에 들었다   132

달팽이   134

올해만큼은   139

난장판 속의 기쁨   143

우린 그냥 섞어서 서요   149

사이버폭력 예방 교육   154

베테랑의 쿨다운   159

후배 교사의 방문   163

어떤 보호자   167

내가 되려고 하는 내가 되는 연습   174

존중하는 대화법   178

역차별 감수성 예방 교육   182

어려운 날   191

오래 가르치고 싶어서   194

일 년이라는 긴 시간을 함께한 선생님께   201

어떻게 교사의 마음을 지킬까   205
2023년 휴직

> 휴직의 진짜 이유   207
> 눈물   212
> 새 길   214
> 휴직연장신청   217
> 참담한 희망   222
> 내 아이의 선생님   230

사랑이라는 전문성　235
2024년 다시 교과전담 교사

기시감　237

노래와 눈물　243

별이 담임선생님께 긴 편지　248

배움의 조건　256

사랑을 따라가면 쉽다　259

내가 하는 일의 가장 좋은 점　262

엉킨 실타래 풀기　265

혐오의 반대편에 서기　276

과학 시간 성교육　289

동료 장학　298

화가 나더라도 나를 아프게 하지는 않기　302

사랑이라는 전문성　307

선생님은 그런 걸 다 어떻게 알아요　313

각자의 바다에서 웃었다　318

무대가 된 과학실　323

눈 오는 날　328

나가는 글　331
추천사　336

본문의 각주는 모두 편집자 주이다.

들어가는 글

나의 이전 책 『다시 내가 되는 길에서』는 사회적 트라우마를 딛고 다시 일어서기까지의 이야기다. 우울증과 암을 겪어내고 가까스로 회복한 후에 복직한 새 학교 운동장 미끄럼틀에 앉아 하늘을 보다가 '여기는 이제 내 학교다'라고 읊조리며 책은 끝난다.°

당연하게도 그것이 끝은 아니다. 이 책은 그곳에서 다시 시작된 이야기이다. 일어나긴 했으나 여전히 흔들리며 걸어가는 이야기. 이제는 정말 학교를 떠나고 싶다고 생각하면서도 교직 외에 생계를 유지할 방도가 마땅히 떠오르지 않아 매일 출근을 했다. 그러면서 교실의 시간을 기록했다. 어려운 시간 속에서도 반짝이는 순간이 자주 찾아왔

°   저자는 2017년 극우 커뮤니티의 공격과 악성 민원에 시달리다 병휴직에 들어갔다. 깊은 상처를 딛고 무너진 삶을 재건하는 이야기가 전작인 『다시 내가 되는 길에서』에 담겼다.

다. 어떤 날은 쓰지 않으면 몸이 근질거려 참을 수 없었고, 그럴 때 노트북을 펼치면 교실의 경험은 힘들이지 않아도 저절로 한 편의 글이 되었다. 돌아보면 꼭 건져 올려 기억하고 싶은 장면이 늘 있었고 그것만큼은 교사 일을 그만두더라도 남겨두고 싶었다.

회복의 일상을 기록하던 블로그에는 다시 학교와 교실의 이야기가 쌓여갔다. 글을 통해 나의 교실을 열어 보이는 건 나 역시 다른 교실을 엿보고 싶기 때문이기도 하다. 교직을 시작한 이후로 늘 궁금했다. 다들 학교를 어떻게 버텨내고 있는지. 좋은 교육은 그저 '좋은 교사' 한 사람이 해낼 수 없는 과제임에도 우리 사회에서 교사는 높은 기대와 낮은 지원 속에 각자의 교실에 덩그러니 던져져 분투한다. 학교는 예전에도 교사 간 교류가 활발한 곳은 아니었지만 지금은 그마저도 점차 사라져가는 추세이다. 교실에서 혼자 괴로움을 겪어내는 것도 힘들지만, 자잘하게 찾아오는 작은 기쁨들을 혼자만 간직하는 것도 외로운 일이다.

교사 커뮤니티 자료 게시판에 가면 각종 수업 자료가 넘쳐난다. 하지만 수업이 '벌어지는' 교실의 순간은 지도안이나 활동지 같은 것으로는 알 수 없다. 수업은 대화이고 만남이라서 누가 누구를 만났는지에 따라 수만 가지의 다른 이야기가 피어난다. 그러니 가르치는 이와 배우는 이의 개성과 마음이 소거된 활동 구성안만으로는 어떤 교실도 어떤 수업도 생생하게 그려볼 수 없는 것이다.

내 교실은 내가 관찰할 수 있는 유일한 교실이다. 이곳에서 어떤 일이 벌어지는지, 수업 중에 내가 알아차린 것과 미처 모르고 지나간 것들은 무엇인지, 일어날 수 있었을 가능성은 무엇인지까지 글을 쓰면서 알아보고 싶었다. 그렇게 내 교실을 열어 보이며 나는 전국의 수많은 교사들과 연결되는 기쁨을 누렸다. 혼자 고민하고 기뻐하던 내 교실의 순간들에 많은 동료들이 함께 공명하고 공감하는 걸 지켜보는 건 생각보다 큰 위로이자 내가 이곳에서 버티는 이유가 되었다.

나의 교단 일기를 읽으면 좋은 어른이, 좋은 선생님이 되고 싶어진다는 댓글이 많이 달렸다. 그런 댓글을 볼 때마다 내 글을 읽은 누군가가 주변의 어린이, 혹은 교실 안 학생들에게 조금 더 다정한 웃음을 짓게 되는 장면을 상상해보곤 했다.

한편으로는 학교 밖의 사람들이 학교를 새로운 눈으로 바라보는 일에 약간의 희망을 품기도 했다. 어린이를 양육하는 보호자가 아니더라도, 동시대 어린이들이 한 시절을 보내는 학교를 사람들이 좀 더 궁금해하고 학교 교육의 조건과 한계를 함께 고민해준다면 교사들이 교실에서 외롭게 분투하는 일은 줄어들 것이란 기대였다. 대부분의 사람들이 초등학교 교실을 통과해 어른이 되기에 스스로 학교를 잘 안다고 믿는다. 하지만 어린이가 아닌 어른의 시야로, 어른의 책임감을 안고 학교를 다시 본다면 분명 기존에 알던 것과는 다른 학교의 실체를 마주하게 될 것이다.

학교를 바라보고 이해하는 다양한 위치와 각도가 있겠지만 나는 렌즈의 배율을 가장 높여 교실에서 매일 펼쳐지는 일들이 직접 경험하듯 생생하게 만져지는 이야기를 쓰고 싶었다. 작은 교실, 그 안에서 날마다 벌어지는 아주 작은 이야기들. 그곳에는 더 잘 배우고 싶고 더 잘 가르치고 싶은 마음을 가진 어린이와 교사가 있다. 그 마음들이 만나 어떤 일이 벌어지고 어떤 희망이 피어나는지, 그리고 그러한 마음을 무엇이 가로막고 있는지도 함께 바라봐주기를 바랐다.

이 책은 2021년부터 2024년까지의 기록을 엮은 것이다. 나는 2021년 가을에 복직해 다음 해 2학년 담임을 맡았고, 2023년에 건강 악화로 다시 병휴직을 했다. 나는 학교에서 자주 행복했으면서도 늘 허덕였다. 가진 에너지보다 쓰이는 에너지가 더 많았으니 소진은 당연한 수순이었다. 이제껏 내 직업을 사랑해왔던 방식으로는 교직을 지속할 수 없음을 깨달았다. 이 일을 계속하려면 아이들을 좀 덜 사랑해야 하는 걸까. 가르치는 일을 좀 덜 좋아해야 하는 걸까. 마음을 다해 학생들을 만나면서도 덜 소진될 수는 없는 걸까. 쉬면서 답을 찾을 수 있을 것이라 기대했던 2023년에는 예상하지 못했던 심한 우울증이 찾아왔다. 내 삶을 통틀어 가장 많은 눈물을 쏟은 해였다. 이 책에 그해의 기록을 넣을지 말지 오래 고민하다가 빼지 않기로 했다. 무너진 덕분에 새 길을 냈다. 나는 예전보다 더 힘을 빼고 좋아하는 교사 일을 오래오래 할 수 있게 되었다.

이제는 학교를 떠나고 싶다는 생각은 잘 하지 않는다. 오히려 최대한 오래, 가능한 정년까지 학교에 있고 싶다는 생각을 한다. 교실의 장면을 하얀 모니터 화면 위로 복기할 때 나는 얼굴 전체에 희미한 웃음을 짓곤 한다. 무심코 나의 그런 모습을 발견할 때마다 이제는 조금 항복하는 심정으로 인정하게 된다. 이곳에서 나는 아프기도 많이 아팠지만 어쩔 수 없이 또 행복하다는 걸.

한 가지 염려되어 부탁드리고 싶은 것이 있다. 부디 나의 글에서 '우리 교육의 희망'을 찾지 말아주시길 바란다. 교육의 희망은 시스템의 개선에 있다. '좋은 교사'는 열악한 시스템에서도 눈앞의 학생 한 사람 한 사람을 크게 보고 절망보다는 희망을 선택하려고 하루하루 애쓰는 사람에 불과하다. 그러니 교사를 칭찬하기보다 교사와 연대하고, 어떤 방식으로든 학교에 연루되기를 부탁드린다. 나의 기록이 '훌륭한 교사'가 학생을 변화시키고 희망찬 교육을 일궈낸다는 이야기로 읽히지 않기를 진심으로 바란다.

내가 교직에 헌신하는 것은 근원적으로는 이기심 때문이다. 헌신하지 않는다면 가르치는 일이 재미있을 리 없다는 걸 알기 때문이다. 헌신은 아주 작은 것을 들여다보는 마음이며, 가르침에 헌신한다는 것은 아주 작은 만남의 순간을 소중히 여기고 대하는 것이다. 그런 시간들이 쌓이면 나도 어느 틈에 더 나은 존재, 더 충만한 존재가 되었다. 다만 소진되게 않게 스스로를 돌보는 법을 배워야 한다. 최고의 수업 준비는 충분한 수면과 좋은 컨디션이라는 것을 전국의 교사에게, 아니 교사 아닌 사람들에게도 거듭 외치고 싶다. 할 수 있는 만큼의 노력으로 최선을 다하며(우리는 보통 할 수 있는 것 이상을 하려고 한다) 교실에서의 하루하루를 쌓아가고 기록하려고 한다. 그렇게 건져 올린 이야기들이 한 권의 책이 되는 건 큰 기쁨이다. 이 책이 어느 지친 교사에게 "이 책 좀 읽어봐. 읽다 보면 이상하게도 기운이 좀 날 거야. 그리고 아이들이 좀 더 반짝여 보여" 하는 말과 함께 전해진다면 달리 바랄 것이 없겠다.

다시 만난 학교

2021년 10월
복직 첫 학기

열심히 하려는 마음에는
잘못이 없다

 잘하고 싶은 마음을 경계하게 된다. 교직은 가르치는 일을 열심히 하려고 할수록 늪에 빠지는 직업인지도 모른다. 복직을 앞두고, 열심히 하고 싶어지는 마음을 누르려고 애를 썼다. 열심히 하면 안 돼. 그랬다가 또 다쳐. 나는 교실의 장면을 머릿속으로 떠올리는 것조차 필사적으로 막았다. 그러는 순간 나의 생각이 학생들과의 만남을 준비하는 노동으로 이어질 것임을 알고 있었기 때문이다.

 그러나 열심히 안 하겠다고 열심을 내는 일이 조금 지친다. 아무리 생각해봐도 열심히 하고 싶은 마음에는 잘못이 없다. 그저 마음이 너무 앞서 달려가지 않도록, 혹여 잘 안 되더라도 너무 실망하지 않도록 하고, 실망하더라도 스스로를 다독여서 다시 시작할 수 있으면 된다. 나는 열심히 하고 싶은 마음을 받아들이기로 한다.

 오랫동안 교사 자아가 머물던 내면의 공간을 방치했다. 그 공간은 이제 드문드문 거미줄이 늘어져 있고 온갖 짐이 아무렇게나 널브러진 먼지 가득한 창고 같다. 비교적 괜찮은 체력으로 종종 교직의 충만함을 경험하기도 했던 시기로부터 대략 4년의 휴지기를 보낸 셈이다. 열심히 하겠다는 마음을 받아들이는 것은 그 어두운 창고의 불을 '탁' 하고 켜는 일이다. 깊은 한숨을 내쉬고, 일단 창고를 좀 정리해보기로 한다.

교육 서적을 살펴보러 동네 도서관에 갔다. 9월 독서의 달을 맞아 책을 무려 열네 권까지 대출해주는 행사를 하고 있었다. 철학이나 총론보다는 구체적인 수업 장면을 상상할 수 있는 책을 욕심껏 골라 집으로 왔다. 성실하게 기록된 교육 현장의 기록이 곁에 한가득 있다는 사실에 책을 읽기도 전에 마음이 먼저 든든해졌다.

국가수준 교육과정 이해와 재구성에 대한 책, 수업 기술을 구체적으로 소개하는 책, 판서의 중요성을 다소 지나치다 싶을 정도로 강조하는 책, 교사 화법에 대한 책, 수업 상황을 생생하게 묘사하고 비평하는 책…. 하나씩 살펴보며 교사로서의 정체성이 정비되는 느낌이었다. 하지만 책으로 정비된 이론은 머지않아 학생들을 만나 대차게 깨지리라는 것도 알고 있었다. 책처럼 안 된다. 당연하다. 이건 패배의식이라기보다는, 예상되는 수많은 패배의 국면을 알면서도 기꺼이 뛰어들겠다는 마음을 다지는 것이다.

책을 쌓아놓은 채로 간단히 저녁을 챙겨 먹는 동안 이제까지 학생들과 만나왔던 시간들이 조금씩 기억의 회로를 타고 떠오른다. 더는 억누르지 않고 가만히 바라보았다. 즐거운 시간들도 많았다. 잘했던 때도 많다. 그리고 정말 중요한 것은 좀 잘하지 못해도 된다는 사실이다. 나의 교직 경험에 의하면 학생들은 교사에게 믿을 수 없이 너그럽다. 언제나 만회할 기회가 있다. 좋은 곳, 옳은 곳으로 가려는 지향성만 분명하면 된다.

열심히 하려는 마음에는 잘못이 없다. 기대하고 또 실망하도록 하자.

복직 후 첫 수업

10월 복직이라서 담임이 아니라 교과전담 교사를 맡게 되었다. 교과전담 교사는 보통 영어나 과학 등 한 과목을 전담하여 맡지만, 우리 학교는 규모가 작아서 여러 학년의 여러 교과를 맡아야 한다. 나는 1, 2학년 통합교과°, 3학년 도덕, 5학년 실과와 도덕, 6학년 실과를 가르친다. 4학년을 제외하고 전 학년을 만나는 셈이다.

오늘 첫 수업은 80분짜리 5학년 실과 묶음수업∞이었다. 수업 직전까지는 긴장이 되었지만 막상 교실에 들어서니 곧바로 익숙한 감각이 찾아왔다. 나는 내가 준비가 되

° 교과와 교과 간의 경계를 뛰어넘어 주제나 활동을 중심으로 구성된 교과. 초등 1, 2학년 교육과정에는 '바른 생활', '슬기로운 생활', '즐거운 생활' 세 교과가 통합되어 있다.

∞ 보통 40분 수업 이후 10분을 쉬는 것과 달리, 2교시를 연달아 진행하는 수업을 말한다.

었음을 바로 알았다. 반면 교실은 새로운 교사를 보고 환기되거나 집중하는 기색을 찾아볼 수가 없었다. 학교에 외부강사가 워낙 많아서 새로운 선생님이 와도 호기심이나 기대가 별로 없다고 했다. 낯선 사람이 갑자기 교실에 들어와 새로운 수업을 반짝 하고 나가는 것에 익숙해진 것이다. 나는 거의 무관심에 둘러싸였다. 그러니까 '오픈발'이 없다는 거네. 불리하다.

일단 이름을 소개한다. 그냥 말하면 아무도 안 들을 것 같아서 예상치 못한 질문을 하기로 작전을 변경했다.

"여러분은 이름이 몇 글자예요? 이 반에 성과 이름을 합해 두 글자인 사람이 있죠? 김준?"

내가 준이의 이름을 부르자, 순간 교실이 조용해졌다.

준이 이름을 어떻게 알았지? 선생님 내 이름도 알아요?

"알지. 어제 좀 살펴봤지."

내가 학생명부를 흔들어 보이며 말했다. 그리고 몇 사람의 이름을 더 말한다. 더욱더 조용해지는 교실. 혹시 자기 이름도 불릴까 싶어 다들 눈을 크게 뜨고 집중한다. 나는 학생명부를 보며 아이들의 이름을 빠르게 읽었다.

"어제 이렇게 계속 랩처럼 연습했거든. 이름 다 알아요."

하지만 누가 누군지는 모르잖아요.

"그건 그렇죠."

모두 웃는다. 수업 시작 5분 만에 얻은 귀한 연결감. 나는 여세를 몰아 질문을 이어간다.

"제 성과 이름은 모두 몇 글자게요?"

세 글자 아니에요?

"네 글자예요."

칠판에 '최( )현희'라고 쓴다.

"선생님은 지금 나이가 마흔 살인데요."

즉시 웅성웅성해진다. 우리 엄마 나이하고 똑같다! 난 11년 살았는데…. 조용해질 때까지 기다린다.

"근데 서른 살까지는 세 글자였어요."

헉. 헐. 일제히 놀라는 소리. 다들 초집중하며 다음 말을 기다린다.

"서른 살이 되어서야 갑자기 깨달았거든요. 저를 배 아프게 낳아주신 엄마 성이 내 이름에 없는 게, 그걸 30년이나 당연하다고 생각한 게 문득 너무 이상했어요. '최'는 아빠 성이거든요. 그때 이후로 엄마 성도 같이 쓰기로 결심했어요. 자, 이제 맞춰볼 사람!"

최박, 최김, 최신, 최윤… 성 두 개를 조합한 아이디어가 끝없이 나온다. 동시다발로 쏟아지는 말들을 멈추게 하고, 이렇게 모두 말을 하고 싶을 때는 손을 들어 표시를 해달라고 요청한다. 한 사람씩 손을 든다. 세상에 어떤 성씨가 있는지만 알면 누구나 손을 들 수 있다. 한 명씩 이름을 부르고 눈을 고루 맞춰볼 겸 손을 든 학생들을 모두 발표 시킨다. 그중에 정답이 있다. 빈칸에 '고'라고 쓴다.

"근데 어떤 사람은 이런다? '왜 아빠 성이 먼저예요?' 그것도 맞는 말이야. 그래서 내가 바꿔봤어, '고최현희'로."

그리고 잠시 기다렸더니 '고'의 쓰임을 아는 아이들이 웃는다. 모르는 친구들이 어리둥절한 표정을 짓자, 누군가 설명한다.

'고OOO' 하면 죽은 사람을 말하는 거야.

"맞아요. 이제 여러분이 저를 부를 때는 현희샘! 아니면 최고샘! 이렇게 말하면 돼요."

다시 웃음. 몇몇이 소리 내어 나를 최고샘! 하고 불러본다.

"지난번에는 길을 걷는데 어떤 학생이 저를 보고 '최고샘!' 부르면서 오는 거예요. 주변에 있는 사람들은 속으로 '아, 저 사람이 최고의 선생님인가 보다!' 하고 생각했겠죠?"

또 다 같이 웃는다. 웃는 아이들을 보며 내가 이 순간을 그리워하고 있었다는 걸 알았다.

몸 풀기 활동을 안내한다. 배우기 위해서는 몸이 딱딱하게 굳어 있으면 안 된다고, 무언가를 배우려면 몸이 자유롭고 부드러워야 한다고 설명하며 천천히 움직이기 시작하는데 민우가 내 동작을 따라 했다. 다른 교사에게 사전에 정보를 들은 학생이다. 수업 태도가 나쁘고 종종 반항적인 행동을 한다고 했다. 이건 기회다. 갈등 상황이 벌어지기 전에 마음이 연결되어야 한다. 좋은 기회가 이렇게 빨리 오다니. 나는 민우에게 다가가며 말했다.

"어떻게 나랑 마음이 통했지? 제가 지금부터 하려던 활동을 민우가 딱 보여줬어요! 선생님 동작을 따라 하는 '거울 놀이'를 할 거거든요. 정말 놀랍다!"

감탄하는 나. 전략이기도 하고 진심이기도 하다. 민우는 놀라고 뿌듯해하는 표정이다. 주로 지적을 받던 친구가 칭찬을 들으니 의아해하는 주변의 표정도 눈에 들어온다. 그 뒤로 70여 분의 시간 동안 나는 계속 민우와 눈을 맞추었는데, 민우는 수업 시간 내내 반짝이는 눈빛과 성실한 태도로 그에 화답했다.

나는 고개를 천천히 흔들고, 팔을 들었다 내려놓고, 일어났다가 앉고, 어깨를 들었다 내리는 움직임을 이어갔다. 대부분 집중하며 나를 따라 움직이는데 중간에 끊임없이 말을 하는 학생이 있다. 준우다. 몇몇 아이들이 인상을 쓰며 조용히 좀 하라고 짜증을 냈다. 교실 분위기가 흐트러지는 게 느껴진다. 나는 잠깐 활동을 멈추고 텔레파시 박수를 쳤다. 텔레파시 박수는 여럿이서 마치 한 사람인 것처럼 동시에 호흡을 맞춰 박수를 치는 것인데, 세 번 만에 성공하자 나는 전략적으로 그러나 역시 진심으로 감탄을 했다. 조용해진 교실에서 다시 입을 뗐다.

"무거운 물건을 드는 것만 힘이 필요한 게 아니에요. 마음에도 힘이 있어요. 눈에 보이지는 않지만요. 상황에 적절하지 않은 말을 잠깐 참는 건 진짜 마음의 힘이 필요한데, 무거운 걸 드는 힘이 사람마다 차이가 있는 것처럼 마음의 힘도 차이가 있어요. 그러니까 마음의 힘이 강한 사람이 조금 참아주고 이해해줘야 해요. 왜냐면 일부러 그러는 게 아니라 정말 못 참는 거거든요. 제가 오랫동안 교사를 하면서 깨달은 거예요. 그럴 땐 그 친구를 미워하거나 짜증내지 않고 나머지 친구들이 활동에 더 집중하는 게 중요해요. '아, 방해된다' 이러면서 짜증을 내면 그 행동이 더 심해져요. 너무 기분이 안 좋아져서 복수하고 싶어지거든."

맞아 맞아, 맞장구치는 소리가 들린다.

"다 같이 도와주고 기다려주면 마음의 힘이 점점 길러져서 결국 좋아져요. 이것도 제가 오랫동안 교사를 하면서 깨달은 거예요."

다시 놀이를 시작하자 모두 더 집중하는 눈빛이었다. 준우도 말을 멈추었다.

거울 놀이는 둘이서 하면 더 재밌다고, 해보고 싶냐고 물었더니 모두 한목소리로 "네" 하고 대답했다. 책상을 뒤로 밀고 두 사람씩 마주 보고 섰다. 집에서 무겁게 챙겨 온 블루투스 스피커를 꺼내 심사숙고해서 고른 음악을 틀었다. 음악이 있으면 똑같은 활동도 훨씬 근사해진다. 거울 놀이를 마치고 자리에 앉은 아이들의 얼굴이 환하다. 잠깐 쉬기로 한다.

자리를 정리하고 이번에는 수업 수칙을 함께 만들어본다. 월드컵 박수를 비롯해 다양한 박수 치기를 같이 한다. 내가 '5학년!' 하면 학생들이 '1반!' 하고 답하는 고전적인 집중 신호도 함께 연습해본다. 이제 마음이 착착 맞아서 별것 아닌 일에도 웃음이 터진다. 잘 못해도 웃고 잘하면 더 웃는다. 감동의 포인트는 내가 '5학년!'을 외칠 차례에 말없이 손가락으로만 다섯을 보여주니, 학생들 역시 말없이 손가락 하나를 내민 것이었다. 이렇게 잘 통하다니 순간 소름이 돋았다. 나만 그런 건 아니었을 테다.

드디어 실과 교과서를 펼친다. 진도를 확인하고 교과서 내용을 함께 읽고 정리하니 수업이 5분 정도 남았다.

어떻게 이렇게 시간이 빨리 갔지?

학생들이 놀라는 소리를 들으며 나는 미리 오려둔 작

은 종이를 나눠준다. 오늘 수업 소감과, 선생님에게 궁금한 점, 앞으로 실과 시간에 하고 싶은 활동을 적으라고 한다. 쓰기 싫다는 불만이 나오기 전에, 딱 2분만 줄 거라고 더 이상은 못 준다고 내가 먼저 생색을 낸다. 종이를 받기 무섭게 연필 움직이는 소리가 들린다. 얼핏 봐도 즐겁고 재밌었다는 소감으로 가득 찬 종이를 받아 들고 교실을 나서며, 나는 내가 이 순간을 오래 기다려왔다는 것을 다시 깨달았다.

민기

 5학년 실과 수업을 마치고 3학년 수업에 들어갔는데 교실이 난장판이었다. 내가 앞에 서 있는데도 학생들은 쉬는 시간에 하던 일에 열중하느라 처음 본 교사에게는 전혀 관심이 없었다. 관심을 보이는 학생들도 있었지만 수업을 시작하는 데 도움이 되지는 않았다. 모두가 쉼 없이 각자의 관심을 말로 뱉어내고 있었기 때문이다.

—누구세요?
—뭐 하는 사람이에요?
—왜 왔어요?
—원래 도덕 선생님은 왜 안 와요? 어디 갔어요?

 궁금한 게 많구나, 근데 나는 대답을 언제 하지. 그 상태로 3분이 지난다. 이럴 때 3분은 얼마나 긴지. 나를 도와줄 사람은 어디에도 없고 교실은 점점 소란스러워지고 있다. 와중에 자리 하나가 비어 있고 자리 주인으로 보이는 민기가 계속 교실 여기저기를 돌아다닌다.

"쟤 원래 저래요!"

내가 민기를 바라보자 누군가 잽싸게 말한다.

"맨날 교실 돌아다니고 방해해요. 근데 선생님들이 하지 말라고 해도 절대 말 안 들어요."

한 사람이 또 거든다.

나는 잠깐 혼돈의 교실에 우두커니 서 있다. 내 말이 끼어들 틈도 없었지만 솔직히 어떤 말을 할 엄두도 안 난다. 엄청난 소음 속에서 나 홀로 작전 회의를 하는 기분으로 학생들을 찬찬히 바라보았다. 그 순간 동시에 쏟아지던 말들을 하나씩 펼쳐보면 이렇다.

―선생님 뭐 하세요?

―이 바보야! (소리 지름)

―네가 더 바보야! (더 소리 지름)

―선생님 도덕 수업 안 해요?

―이러다 도덕 수업 언제 해, 날 새겠네.

―선생님 죄송해요. 우리 반이 원래 이래요.

―(내 발의 붕대를 발견한 학생이) 선생님 발 다쳤어요?

―왜 다쳤어요?

―언제 다쳤어요?

나는 대답을 하고 싶었지만,

—(물건 와장창 떨어지는 소리)
—시끄러! (소리 지름)
—야! (왕짜증)
—뭐! (소리 지름)
—아우 진짜 조용히 좀 해! 수업 시작해야지! (소리 지름)

교직 경력을 돌아보건대 이건 보통 난이도의 교실이 아니다. 왠지 모르게 학생들이 무척 날이 서 있는 느낌도 든다. 담임교사는 얼마나 힘들까. 하루하루가 얼마나 전쟁터일까. 안타까움과 함께, 그럼에도 교실 생존(그렇다, 정말 생존의 문제로 보였다)을 위한 최소한의 가이드라인도 없어 보이는 교실을 보며 동료를 원망하는 양가적 감정이 생겨난다. 하지만 정말 어떻게 해도 힘든 반이 있다. 그러니 동료를 쉽게 평가하려는 유혹은 물리치자. 일단 이 난장에서 수업을 하는 것에 집중하자. 그 사이 특수학급 학생 한 명이 앞으로 세 번쯤 걸어 나와 나에게 말을 걸었다. (이 학생은 앞으로 열네 번 정도 더 나온다.)

선생님, 저 브라질 다녀온 적 있어요.

"그랬구나."

들어간다. 1분 정도 지나서 다시 나온다.

선생님, 저 담요를 학교에 압수당했어요.

"그랬구나."
들어간다. 그리고 1분 뒤에 다시 책상을 밀고 의자에서 일어나 나에게 온다.

선생님, 저희 집 이사 갈 수도 있어요.

"그렇구나."
어떻게든 정신을 수습하고 수업을 시작해보려는데 돌아다니던 민기가 교실 앞쪽으로 방향을 틀어 걸어 나온다.
"수업 시작하려는데 자리에 앉아줄래?"
정중히 요청했지만 민기는 네가 뭔데 감히 나에게 이래라저래라 하냐는 표정으로 말했다.

싫은데요.

내가 웃자(정확히 말하면 웃고 있던 표정을 유지한 것에 가깝다. 나는 웃으며 교실에 들어왔는데, 이 어지러운 상황에 당황하여 웃은 채로 얼굴이 굳어 있었다) "아, 웃지 마요!" 하고 정색을 했다. 그러더니 갑자기 멈춰 서서 나를 노려보기 시작했다. 민기와 나 사이에 뜻밖의 대치 구도가 형성되자 교실이 일순간 잠잠해졌다. 자, 이럴 때 어떻게 할 것인가. 나는 이런 상황에서 다른 교사들이 어떻게 헤쳐나가는지 궁금하다. 일단은 나부터 기록을 해보겠다.

교실에는 하나의 정답 혹은 매뉴얼이 존재할 수 없다. 교육청은 자꾸 그런 게 있다는 듯, 교사를 지원하기보다 관리하려고 하지만 말이다. 교사들은 시스템의 도움 없이 혼자 교실에 내던져지고, 예상치 못한 문제들을 매일 맞닥뜨리며 각자도생한다. 교실의 문제는 학생들의 숫자만큼이나 다양한 각자의 경험과 상처, 서로 다른 가정환경, 거기에 교실을 둘러싼 학교의 문화, 사회의 문제점들이 교차하며 셀 수 없이 많은 경우의 수를 가진다. 문제를 미리 알고 대응하는 것은 거의 불가능하다.

나도 그랬다. 민기에 대해서는 학교에 부임 인사를 하러 오자마자 무려 교장에게서 언질을 받았고, 내가 이 반에서 수업을 한다는 걸 들은 교사들도 모두 "그 반에 민기 있지?"라며 걱정스러운 표정을 지었다. 이런 정보는 미리 아는 게 중요하므로 그들에게 고마웠다. 그리고 천천히 민기의 마음을 열 기회를 찾아봐야겠다고 생각했다. 하지만 보라, 내가 수업 3분 만에 맞닥뜨린 상황을.

나는 두 가지 중요한 사실을 기억해냈다. 첫째는 지금의 이 의도치 않은 대치가 민기와 나의 일대일 대화 상황이 아니라는 것이다. 학생들은 민기에 대한 정보는 있지만 내가 민기를 어떻게 대할지에 대한 정보는 없다. 지금 내 행동과 말은 그 빈칸을 채울 정보가 된다. 민기와 나만의 사적인 시간이 아니다. 둘째는 이 상황을 최대한 빨리 전환시켜야 이 수업을, 그리고 길게는 민기와 나의 관계를 구원할 수 있으리라는 것이다. 민기의 존중 없는 태도에는 당연히 불쾌한 마음이 들지만 그 아이의 적의와 공격은 나를 향한 것이 아니다. 민기는 나를 알지도 못한다. 방금 처음 만났으니까. 민기는 자기 문제를 고백했을 뿐이다. 나는 부드럽게 웃음을 거두고(약간 경련이 일어났을지도 모르겠다. 너무 오래 웃고 있었다) 교탁을 향해 몸을 돌렸다. 그리고 다시 미소를 지으며 수업을 시작했다.

"안녕하세요? 저는 여러분의 새로운 도덕 선생님이에요. 선생님의 이름을 칠판에 써볼게요."

선생님 다리 왜 다쳤어요?

"아, 선생님 다리. 이게 왜 다쳤냐면,"

―이 빵꾸똥꾸야!
―뭐? 이 멍청이가!

교실이 다시 시끄러워졌다. 아니, 나한테 물어봐놓

고…. 그 사이 민기는 자기 자리로 돌아갔다. 교실 바닥을 부술 듯이 발을 엄청나게 구르면서 쿵쾅쿵쾅 소리를 냈다. 나는 눈길을 주지 않았다. 민기는 자리에 앉아서 나를 계속 노려봤다. 일단 민기와 대치 상황이 끝났다는 것에 의의를 두며, 나는 휴대폰을 꺼냈다.

"선생님이 지금부터 이 수업을 녹음하겠습니다."

교실이 조용해진다. 아주 잠깐이지만.

"여러분이 지금 하는 행동을 돌아보세요. 수업을 시작하기 적절한가요?"

민기가 큰 소리로 "네!" 하고 답한다. "아니요"라고 작게 말하는 목소리도 들린다.

"다른 사람들도 의견을 말해줄래요?"

"아니요"라고 말하는 목소리들이 조금 더 커진다. 민기는 계속해서 "네~ 네~"를 반복하고 있다.

"선생님은 이렇게 집중이 잘 안 되는 반은 녹음을 해요. 어디에 공유하지는 않을 거예요. 그러니까 선생님 혼자만 들을 건데요, 어떤 대화가 오갔는지 들어보면서 어떻게 하면 여러분을 도와줄 수 있을지 연구할 거예요. 그럼 녹음하겠습니다."

녹음 버튼을 누르자 민기도 말을 멈추었다. 나는 다시 자세를 가다듬고 말한다.

"안녕하세요, 저는 (왼쪽 발을 들어 보이며) 다리를 다친 도덕 선생님이에요."

아이들이 웃는다. 휴. 수업 시작 10분 만에 얻어낸 최초의 교감이다. 이 순간을 놓쳐선 안 된다. 나는 최대한 흥미로운 어조로 이야기를 시작한다.

"어제 새벽이었어요. 갑자기 잠이 깼는데 너무 목이 마른 거예요. 아, 더 자고 싶은데…. 물 마시러 가기 귀찮아! 괴로워하면서 몸을 뒤척였어요. 여러분은 이럴 때 어떻게 해요?"

ㅡ일어나요.
ㅡ그냥 자요.

"저는 눈을 반쯤 감고 일어나서 냉장고로 갔어요."
여차저차 물을 마시다 비몽사몽간에 물컵을 발등에 떨어뜨린 이야기를 한다. 학생들이 초집중하며 내 이야기를 듣고 있다. 민기도 흥미롭게 듣고 있는 것을 본다.

ㅡ선생님 다리가 세니까 유리가 깨지지 않았어요?
ㅡ많이 아프셨겠네.

"부러지지는 않아서 다행이라고 생각했어요. 멍이 들긴 했지만요. 그럼 이제 선생님의 이름을 알려줄게요."
칠판에 쓰려는데 보드마커가 빨간색밖에 없다.
"어, 이름을 빨간색으로 쓰면 무서운데."

내가 빨간색 보드마커를 들고 망설이자, 갑자기 열댓 명이 일어나 교실 앞으로 우르르 몰려나온다.

검은색 펜을 찾아줄게요!!!

이것은 분명 호의이다. 하지만 급작스럽고 약간 무서웠다(안전사고는 이럴 때 난다). 식은땀이 나려는 찰나에 교사 책상 위의 검은색 보드마커가 눈에 띈다.
"찾았어요, 여러분! 찾았습니다! 자리로 들어가세요."
다시 우르르 자리로 들어가는 학생들. 휴.

최( )현희.

이번에도 칠판에 내 이름 한 칸을 비워놓고 퀴즈를 냈다. 다양한 답을 외치는 아이들 목소리에 민기의 소리도 섞여 있었다. 나는 손을 들고 말하는 규칙을 환기하고, 한 사람씩 신호를 줘 대답하게 했다. 민기가 손을 든 것을 진즉 봤지만 조금 뜸을 들였다가 시켰다. 바로 지목되지 못하는 상황을 얼마나 잘 견디는지 관찰하기 위해서다. 민기는 다른 친구가 지목될 때마다 분하다는 표정을 지었지만 친구가 말할 때는 선선히 손을 내렸다. 그리고 발표가 끝나면 다시 들었다. 견디는 힘이 있는 친구였다. 아까 일은 잊었다는 듯 자연스럽게 발표를 시켰다. 특별한 칭찬도 강조도 하지 않았다.

내 성이 '최고'라는 것이 밝혀지자 한 학생이 "따봉샘이네요. 저는 따봉샘이라고 부를래요!"라고 해서 다 같이 웃었다. 여기저기서 따봉 따봉 하는 소리가 들렸다. 나는 부르고 싶은 대로 불러보라고 하고 하나 둘 셋 신호를 줬다.

따봉샘!!!

한 명도 빠짐없이 그렇게 불렀다.
나는 따봉샘이 되었다.

"텔레파시 놀이 해볼래요? 선생님이랑 여러분이랑 오늘 처음 만났는데 우리가 얼마나 잘 통하는지 알아보는 거예요."

이제야 수업이 궤도에 들어섰다. 20분이 지나 있다. 나는 양손을 들고 박수 칠 준비를 한다. 학생들이 나를 따라 양손을 든다.

"제 눈을 잘 보고 있다가 다 같이 박수를 치는 거예요. 텔레파시가 잘 통하면 마치 딱 한 사람이 치는 것처럼 들릴 거예요. 이렇게 많은 사람이 치는 건데도."

나는 양손을 든 채 학생들에게 시선을 맞춘다. 내가 눈을 과장되게 뜨고 눈알을 힘주어 굴리니 웃음이 터져 나온다. 웃으면서도 다들 긴장한 표정으로 박수 칠 준비를 한다. 교실을 골고루 바라보다 민기와도 시선이 마주쳤다. 나는 눈빛으로 격려와 지지를 보냈다. 가끔 자기 문제를 적절히 말하지 못하는 아이들을 만나면(사실 어른들도 얼마나 많은가) 나는 그 아이가 자기 문제를 담담하게 말할 수 있었다면 어떤 말을 할지 상상해보곤 한다. 민기는 아마 이렇게 말할 것이다. '내가 얼마나 나쁜 애인 줄 알면 선생님도 나를 미워할 수밖에 없을 거예요. 내가 어느 정도로 문제를 일으킬 수 있는지 보여줄게요.' 나는 눈빛으로 답한다. '아까 그 예의 없는 모습은 난 벌써 잊었어. 너에게는 그것 말고도 다른 모습들이 많잖아. 그중에 좋은 것도 좀 보여주라. 난 그걸 볼 준비가 되어 있거든.'

바로 이 대목이라고 생각한다. 교사가 마음이 편안하고, 분주하지 않고, 여유분의 체력이 있어야 하는 절대적인 이유 말이다. 지치고 소진된 교사는 이런 눈빛을 가질 수 없다. 교사를 지원한다는 것은 어떤 의미인가. 교사가 즐거워야 학생들이 즐거울 수 있다는 말이, 단순히 학생들을 빌미로 삼은 교사들의 협박이 아니라는 것을 구체적으로 상상해봐야 한다. 교육청 관계자들, 교육 관료들, 그리고 입법자들이 말이다.

민기는 여전히 정색한 표정을 유지했지만 조금은 안심된 상태라는 걸 느낄 수 있었다. 몇 번의 시도 끝에 텔레파시 박수의 호흡이 점점 좋아졌다.

"어떻게 몇 번 안 했는데 이만큼 좋아질 수가 있지?"

나는 놀라는 척을 했다. 이번엔 진짜 성공할 것 같다며 다시 양손을 들고 학생들을 바라보았다. 그때 민기가 두 손을 들고 있는 걸 봤다. 됐다. 거의 다 왔다. 나는 과장된 신호를 보내 절대 실패할 수 없게 박수를 친다. 완벽한 '짝' 소리. 모두 환호성을 지르며 기뻐할 때 나는 민기를 보고 웃었다. 민기는 함께 웃지는 않았지만 나에게 웃지 말라고 말하지도 않았다.

앞에서 시간을 너무 많이 써서 준비해 간 다른 놀이는 하지 않았다. 텔레파시 놀이에 대한 아이들의 흥미가 계속 유지되었으므로 그것만 했다. 고개 돌리기, 왼손 오른손 들기, 앉기 서기 등으로 변형해서 속도감 있게 놀았다. 내가 소감을 적는 종이를 나눠줬을 때, 수업이 끝났다는 걸 눈치챈 학생들이 외쳤다.

—가지 마요.
—더 해요.
—다른 놀이도 해요.
—안 돼! 못 가요.

민기는 소감 종이를 내지 않고 계속 접고 있었다. 옆에서 친구들이 "아 그냥 내~"라고 말하는데도 접고 또 접었다. 나는 기다렸다가 민기가 접은 종이를 받아 펼쳤다. '재민었다'라고 써 있었다.

교실을 나서려는데 민기가 다급하게 나를 따라왔다. 고개를 돌리자 갑자기 자기가 집에서 키우는 사마귀에 대해 열성적으로 설명하기 시작했다.

"헉. 집에서 사마귀를 키워?"

내가 호응하자 자랑스럽게 고개를 끄덕이며 짝짓기를 시키려고 애쓰고 있다는 이야기를 들려줬다. 그러다가 사마귀에게 다쳤다며 손가락 상처를 보여주기도 했다. 40년을 살면서 이렇게 재미있고 감동적인 사마귀 이야기는 처음이었다.

"사마귀 이야기 들려줘서 고마워. 민기야, 우리 다음 시간에 만나서 즐겁게 수업하자?"

민기는 "네" 하고 대답했다.

전국의 모든 초등학교 저학년
담임선생님들의 안녕을 빕니다

저학년은 정말이지 인정이 없다. 교사가 앞에서 아무리 애를 써도 흥미가 없으면 전혀 봐주지 않는다. 한참 수업이 진행되는 중에도 자기 손톱의 가시를 보여주려고 앞으로 나온다. 세상에 제 손톱 아픈 것보다 더 중요한 게 어디 있냐고 굳게 믿는 표정에는 어떠한 악의도 없다.

오늘 첫 수업은 2학년 통합교과 묶음수업이었다. 내 아이도 2학년이라는 걸 생각하면 애틋한 감상이 밀려온다. 별이는 나에게 하나의 우주이다. 그러니까 작은 교실에 그런 우주가 스물이다. 이만큼 자라느라 만 8년이 넘도록 정말 고생 많았다, 보호자들도 정말 고생 많았겠다, 생각한다.

교실 문을 여니 학생들이 모두 자기 자리에 앉아 있다.

"아이들이 어쩜 이렇게 차분히 앉아 있어요, 선생님!"

내 말에 담임선생님은 "그렇지 않아요"라더니 의미심장한 미소를 띠고 나가셨다. 맞다. 그렇지 않았다. 나에 대한 찰나의 호기심과 담임교사의 존재가 사라지기 무섭게 학생들은 자기 할 말을 하기 시작했고 몇몇은 앞으로 나와 묻지 않은 얘기를 나에게 던져댔다. 텔레파시 박수와 거울놀이 등의 기술을 써봤지만 집중 유지 시간은 최대 15초였다. 어제 3학년 수업이 초반의 난장에서 서서히 집중되는 분위기를 타고 마지막에 충분한 교감으로 이어지는 기승전결이 있었다면, 이건 그냥 흩어지는 모래알이었다. 잠깐 뭉쳤다가도 방심하면 흐트러지는. 백기가 있다면 흔들고 싶었다. 땀이 흐른다. 앞에 앉은 한 학생이 말했다.

선생님 더우신가 봐요, 땀을 많이 흘리시네요.

울 뻔했다. 알아줘서 고마워.

가을 날씨의 특징과 그에 따른 생활 모습을 공부하는 시간이다. 땀을 흘린다며 걱정해준 학생의 이름을 부르고 고마움을 표한다. 그런데 아침에는 추웠다고, 그래서 가디건도 가지고 왔다고, 역시 가을에는 '이것'이 크다고 말한다. '이것'이 뭘까?

―온도차?
―날씨차?
―어, 뭐지? 나 들어본 적 있는데.

칠판에 '일교차'라고 적고 같이 읽는다. 일교차가 큰 것 말고도 가을 날씨의 특징이 무엇이 있을지 생각해보자고 한다.

—더워요.
—비가 와요.
—흐려요.

그건 오늘의 날씨였다. 내가 담임이었다면 이런 날에 가을 날씨를 알아보는 수업을 하지는 않았을 것이다. 가장 가을다운 날을 기다렸다가 바깥으로 나갔을 것이다. 하지만 나는 통합교과의 진도를 할당받아서 수업하는 교과전담 교사이므로 어쩔 수 없이 오늘 이 주제를 다루어야 한다.

교과서 뒤의 가을 날씨 그림 카드를 뜯어 특징을 하나씩 찾아보기로 했다. 카드를 뜯는 훈련이 아주 잘되어 있었다. 어떻게 이렇게 해내셨죠. 담임선생님에게 존경하는 마음을 품게 된다.

그림 카드를 보고 학생들은 드디어 오늘의 날씨가 아닌 가을의 날씨를 기억해냈고, 나는 최대한 바른 글씨로 칠판에 적었다. 가을 날씨의 특징을 다 같이 입을 맞춰 읽어보기도 하고, 칠판을 보지 않고 답하는 활동도 충분히 했다. 다음으로 날씨에 따른 생활 모습도 그림 카드를 통해 알아보았는데, 절반 정도의 학생들이 날씨 카드와 어울리는 생활 모습을 찾는 걸 어려워했다. 그래서 생활 모습을 움직임으로 표현하며 힌트를 주기로 한다.

내가 등산객 흉내를 내며 "와! 노랗게 물들었네"라고 말하자, 가을에는 단풍이 들고 그걸 구경하러 사람들이 산에 간다는 답변이 나왔다. 그렇게 하나를 찾았다. 내가 더 하려다가 왠지 아이들이 하고 싶어 하는 것 같은 느낌이 들어서 (사실은 나도 생각이 잘 안 났다) "해볼 사람?" 하고 물어봤는데, 안 물어봤으면 큰일 날 뻔했다. 절반이 넘게 손을 들었다. 엄청나게 적극적인 반이었다. 표현력도 좋았다. 바람이 부는 모습을 교실 복도쪽 창문에서 운동장 쪽 창문까지 가로지르며 온몸으로 표현하는 사람, 벼를 수확하는 모습을 실감 나게 표현하는 사람, 오들오들 떨다가 점점 더워져서 옷을 벗는 걸 표현하는 사람, 한가롭게 책을 읽는 시늉을 하는 사람, 쨍쨍한 햇볕에 고추가 바스러지는 걸 표현하는 사람.

끝나기 10분 전, 마음에 드는 그림 카드를 하나씩 골라 뒷면에 오늘 수업 시간 중에 가장 기억에 남는 내용을 한 문장으로 쓰게 했다. 연필이 움직이는 소리를 들으며 나는 잠깐 쉰다. 다 쓴 후에는 돌아가면서 한 사람씩 발표하고 수업을 마쳤다.

80분이 지난 것뿐인데 왜 하루가 다 끝난 것 같은지. 5분 쉬고 1학년 수업에 들어가야 한다. 죽으라는 소리구나.

코로나 때문에 쉬는 시간을 5분 단축해서 운영하고 있다. 믿을 수 없는 현실을 체념하듯 껴안고 1학년 교실 문을 연다. 첫 만남 놀이는 준비한 것의 반만 했다. 나도 살아야 했다.

수업 주제는 풍물놀이였다. 칠판에 풍물놀이라고 쓰고 교과서에서 풍물놀이 악기를 하나씩 손가락으로 짚어 보았다. 악기 소리를 들어보고 풍물놀이 영상을 보니 수업 시간이 거의 다 끝나 있었다.

'아, 이제 다 끝났어. 오늘 1, 2학년 수업 끝이야!'

풍물놀이 음악을 들으며 어깨를 덩실덩실하며 춤을 췄다.

'이제 쉴 수 있어, 말 안 하고 쉴 수 있어!'

나를 따라 하는 학생들이 있어 "모두 자리에서 일어나서 춤을 출까?" 물어보니, 다들 기다렸다는 듯이 용수철처럼 튀어 올라 함께 춤을 췄다.

수업이 끝나고 교실을 나오는데 한 남학생이 따라 나왔다. 무슨 일일까. 이제는 정말 혼자 있고 싶다고 속으로 생각하는데, 아이가 나를 올려다보더니 또박또박 말했다.

오늘 풍물놀이 재밌었어요.

아, 어쩔 수 없이 행복하다.

다음으로 실과 묶음수업을 위해 들어간 6학년 교실은 나에게 안식처와 다름 없었다. 수업 초반에는 6학년 교실에서 으레 볼 수 있는, 새로 만난 교사를 시험하는 말과 행동들이 보였다. 하지만 나는 내 말을 한 번에 알아듣고, 내가 말할 때 무자비하게 끼어들지 않고, 교실을 마구 돌아다니지도 않는 6학년 학생들에게 무한한 감사와 호의를 가지고 있었으며 그것은 곧 넘치게 표현되고 전달되었다. 우리는 정말이지 평화롭고, 즐거운 시간을 보냈다.

무한한 우주들을 품은 지옥에 매일 몸을 던지시는 전국의 모든 초등학교 저학년 담임선생님들의 안녕을 빈다.

교실이라는 공공장소

3학년 민기를 오늘 두 번째로 만난다. 첫 만남은 잘 넘어갔지만 오늘은 알 수 없다. 일주일이 지났으니 다음 수업도 즐겁게 하자던 나와의 약속은 다 잊어버렸을 수도 있다. 어제 민기가 담임선생님에게 반말을 하며 소리를 질렀다는 소식을 들었다. 마음이 힘든 친구들은 기복이 심한 것이 보통이다. 좋았다가도 금세 나빠지고, 방금까지 뭘 잘하다가도 씩씩대며 물건을 집어던지는 식이다. 민기보다 심한 학생도 많이 봤다. 4년 전에 만난 지후도 그중 한 명이다. 지후는 나를 단련시킨 극악무도한 스승이었고, 이제는 힘든 학생을 보면 늘 지후를 떠올린다. 그러면 자신감이 솟는다. 지후랑 비교하면 그래도 괜찮은 거라고, 이 정도면 나쁘지 않다고 생각한다.

나는 3학년 교실에 미리 가서 복도 창문으로 얼굴을 들이밀고 민기를 불렀다. 아주 급한 일이라는 듯 다급한 목소리로 불렀다. 학생들이 모두 민기를 바라보았고 민기는 얼결에 복도로 뛰쳐나왔다.

"내가 진짜 놀라운 정보를 알았어."

약간의 호들갑.

"사마귀가, 짝짓기를 한 다음에 암컷이 수컷을 잡아먹는대!"

민기는 눈이 잠깐 커지더니, 그걸 이제야 알았냐는 듯 다소 거만한 표정을 짓는다.

맞아요. 근데 그게 수컷한테도 좋은 거예요.

"잡아먹히는 게 왜 좋은 거야?"

자기 자손을 남기는 거잖아요. 암컷한테 영양분을 줘서 자손이 잘 클 수 있게 되는 거죠.

"그렇구나. 근데 좀 슬프다. 죽는 게 이익이라니."

좀 그렇긴 하죠.

민기는 고개를 끄덕인다.

"그럼 너 그것도 알아? 암컷은 알을 낳으면 오래 못 산대."

민기는 어쩔 수 없다는 표정으로 고개를 끄덕이며 말

한다.

그것도 맞아요. 알을 낳기 전에는 엄청 힘이 세고 강한데, 알을 낳으면 좀 시름시름 약해져요.

그러고는 전문 용어를 사용해 수컷 사마귀의 무슨무슨 주머니와 체액에 대해 설명하기 시작했다. 나는 열심히 들었다. (하지만 돌아서자마자 까먹었기 때문에 여기에 옮겨 적을 수는 없다.) 5분의 짧은 쉬는 시간이 금세 지나고 수업 시작 종이 쳤다.

"민기야. 앞으로 사마귀에 대해 궁금한 게 있으면 너한테 또 물어봐도 돼?"

민기가 고개를 격하게 끄덕인다.

"좋아. 그런데 지금은 도덕 시간이니까 도덕 공부를 하자! 들어가자!"

우리는 나란히 교실 앞문으로 들어갔다.

―따봉샘!
―따봉샘이다!
―따봉샘 안녕하세요!

이 반 학생들은 내 별명을 지어준 것에 대해 큰 자부심을 느끼고 있다. 다른 선생님들을 보면 '따봉샘'은 자기들이 지어준 별명이라고 꼭 자랑했다고 한다. 나는 그 이야기를 교과실에서 전해 들었다.

오늘은 공공장소에서 지켜야 할 규칙에 대해 알아보는 날이다. 공공장소를 하나씩 떠올려보라고 한 뒤 생각난 사람은 자리에서 일어나게 했다. 모두 일어날 때까지 기다렸다가 한 사람씩 발표를 한다. 식당, 지하철, 학교, 교실, 도서관, 공원 등 발표를 한 후에는 다시 자리에 앉는다. 나는 아이들이 말한 내용을 칠판에 적는다.

맥도날드는 왜 안 써줘요?

서준이가 억울하다는 듯 따진다. 식당을 가리키며 내가 말했다. "여기에 포함되잖아."

그래도 써주세요.

"맥도날드가 식당이잖아."

아 그래도요. 그래도 써주세요.

"알았다, 알았어."
식당 옆에 작은 글씨로 맥도날드라고 쓰자, 서준이는

만족스러운 표정으로 자리에 앉았다.

민기는 끝까지 일어나지 않았다. 책상에서 계속 물폭탄을 만들고 있었다. 가끔 자리에서 일어나 교실을 돌아다니며 친구들에게 가위나 테이프 같은 것을 빌렸다. 친구들은 민기가 가까이 오면 귀찮은 표정으로 자기 물건을 건넸다. 그러지 않으면 교실에 큰 소동이 일어난다고 했다. 나는 일단은 모른 척했다. 그리고 공공장소에서 불편함을 겪었던 경험을 공유하는 활동으로 넘어갔다.

─공원에서 놀고 있는데 어떤 아저씨가 침을 막 뱉어서 더러웠어요.
─영화관에 갔는데 뒤에 있는 사람이 막 발로 찼어요.
─어, 난 내가 찼는데.

다 같이 웃는다.

"혹시 영화관에서 발로 앞자리 차본 적 있는 사람 손 들어보세요."

내가 말하자 여덟 명 정도가 손을 들었다. 그걸 보고 또 다 같이 웃었다. 교실에 웃음이 연거푸 터지자 민기가 하던 일을 멈추고 주변을 둘러본다. 그때 목소리가 작은 학생이 발표를 하고, 나는 귀를 가까이 대고 들은 후에 깜짝 놀란 표정을 지었다.

"세상에!"

학생들이 갑자기 조용해졌다.
"다들 못 들었지, 엄청난 이야기였어."

― 말해줘요!
― 좀 크게 말해주지!
― 안 들렸어요.
― 궁금해요.

나는 뜸을 들이다가 입을 뗐다. "예지가 지난번에 교실을 청소했는데!" 나는 너무 놀랍고 황당해서 말을 못하겠다는 듯이 입을 다물고 뜸을 들인다. 아이들 눈이 커지면서 초집중하는 순간이 너무 재밌기 때문에 더 뜸을 들이게 된다.

― 궁금해요!
― 뭐예요!

민기는 이제는 몸을 완전히 돌려 나를 보고 있다.
"세상에, 청소를 하는데! 코 푼 휴지를 발견했다는 거야! 누가 코를 풀고 교실 바닥에 버린 거야!"
아이들이 소리를 질렀다.

― 으!

―세상에!

―나 아니야! 나 안 그랬어!

민기도 소리를 질렀다. 몇몇 아이들이 민기를 쳐다보았기 때문이다.

"청소하다가 얼마나 기분이 안 좋았을까."

예지는 고개를 세차게 끄덕였다.

발표가 계속 이어졌다. 학생들은 끝없이 말하고 싶어 했다. 친구들의 발표가 각자의 경험을 환기한 탓이다. 그 사이로 진우가 고민하는 소리가 작게 들렸다. 진우는 머리를 감싸며 말했다.

아, 나도 발표하고 싶은데 생각이 너무 안 난다.

나는 진우가 뭔가 떠올릴 때까지 이미 발표한 학생들을 한두 번씩 더 시키면서 기다렸다. 그때 갑자기 진우가 머리 위로 전구가 '띵' 하고 떠오르는 표정을 짓더니 번쩍 손을 들었다.

놀이공원 갔는데 새치기를 당해서 기분이 정말 나빴어요.

친구들이 공감하자 진우는 뿌듯해진 표정으로 자리에 앉았다. 그때였다. 민기가 손을 들었다.

"민기도 공공장소에서 불편했던 경험이 있구나?"

내가 민기를 지목하니 반 친구들의 시선은 대략 다음과 같았다. 공공질서의 파괴자인 네가, 매일 교실에서 우리에게 불편감을 주는 네가? 나는 혹시라도 민기가 '제가 교실에서 수업 시간에 친구들을 방해해요. 그래서 친구들이 불편했을 것 같아요'라고 하지는 않을까 잠깐 기대했다. 학생들의 발표 중에 민기를 암시하는 내용이 많았기 때문이다. 내가 처음 발문을 할 때 친구의 이름은 말하지 말라고 했기 때문에 직접 언급되지 않았을 뿐이다. 민기는 친구들의 발표를 들으면서 잠깐씩 얼굴이 붉어지기도 했고 고개를 숙이기도 했다. 하지만 민기는 지나치게 당당하게도 자신이 불편했던 경험을 진지하게 발표하기 시작했다.

> 지하철을 탔는데요, 어떤 아저씨가 큰 소리로 전화를 해 가지고 진짜 시끄러웠어요. 그리고 어떤 어른은 저를 때리려는 시늉을 하면서 (주먹을 쥐고 휘두른다) 막 이랬어요!

"세상에! 어린이가 만만하다고 그렇게 하는 치사한 어른을 만났구나. 정말 심했다!"

내가 맞장구를 쳤다.

수업이 10분 남았다. 이제 슬슬 마무리해야 한다.

"공공장소에서 규칙을 잘 지켜야 하는 이유가 뭘까요."

안 지키면 불편해요.

"네, 오늘 보니 우리도 다 그런 불편함을 겪어봤어요. 서로 불편하지 않게 노력해야 할 것 같아요. 그럼 우리 오늘은 여러 공공장소 중에서도 교실! 교실에서 서로를 위해 노력할 다짐을 한 가지씩 써봅시다."

나는 준비해 간 쪽지를 나눠준다. 아이들이 열심히 연필을 움직인다. 민기는 쓰지 않았다. 할 말이 더 남았다는 듯 내 옆에 와서 계속 자기 이야기를 했다. "민기야, 수업 마무리해야 하니까 이따가 이야기해줄래?" 말했지만 민기는 "아, 이것까지만요"라며 말을 멈추지 않았다. 착실해 보이는 한 학생에게 친구들의 쪽지를 걷어 달라고 부탁하고 나는 민기를 데리고 일어났다.

"우리기 오늘 공공장소에서 서로 불편하지 않게 노력하자는 공부를 했는데, 친구들이 공부하는 데 방해가 되면 안 되잖아. 민기야, 교실도 공공장소야. 우린 여기서 나가서 이야기하자."

민기는 고개를 끄덕이며 순순히 복도로 나왔다. 어떻게 된 건지 모르겠지만 공공장소에서 불편했던 이야기가 자연스럽게 사마귀 이야기로 바뀌어 있었다. 나는 다 걷은 종이쪽지를 교실 창문으로 건네 받으며 교실 안으로 고개를 내밀고 수업을 마치는 인사를 했다. 민기와 두 번째 수업을 무사히 마친 것에 감사하며 이번엔 나의 귀한 쉬는 시간 5분을 민기에게 쓰기로 했다. 민기는 쉬는 시간이 다 끝나도록 사마귀의 정액과 페로몬에 대해 이야기했다.

서로의 삶을 교실로 가져와
연결하는 일

페미니즘 교육을 세뇌 교육이라고 주장하는 사람들에게 오래 시달렸다. 페미니즘 교육이 뭐 대단한 거라고. '남자는 이렇고 여자는 이렇다' 하는 생각에 질문을 던지는 것이다. 교실에서 이런 교육을 할 때 학생들의 눈빛이 어떤지 그들은 절대 알 수 없을 것이다. 학생들은 직감적으로 안다. 그것이 교과서의 지식과 조금 다른 종류의 배움이라는 것을. 자신의 삶을 파고드는 앎이라는 것을. 삶을 통한, 삶에 대한 공부라는 것을. 그래서인지 학생들은 각자 산만하게 손에서 놓지 못하고 있던 '딴짓'을 멈추고 이야기에 몰입한다. 그러고는 자기 이야기를 하기 위해 길지 않은 삶을 뒤적여 경험을 나누고 서로의 이야기를 귀 기울여 듣는다. 나는 그런 순간을 수업 중에 자주 만나는데, 2학년 교실에서도 그럴 수 있다는 것은 오늘 처음 알았다.

가을 열매를 조사하는 수업이었다. 교실에 들어가자마

자 나는 짧게 인사를 하고 칠판에 노란 선 하나를 그었다.

"이게 뭔지 맞혀보세요. 힌트는 가을이에요."

벼요!

"아! 벼가 이렇게 노랗게 익지! 가을의 풍경이지!" 말하고는 "땡!" 소리를 낸다. 아이들이 웃는다.

배요, 배!

"아! 배도 가을철의 열매지! 진짜 시원하고 맛있는데. 땡!"

—밤!
—잠자리!
—고구마!
—달?

정답은 아니지만 모두 중요한 수업 내용이다. 발표하는 단어마다 내가 한마디씩 얹어 설명을 하면 학생들은 정답을 맞히려고 집중해서 듣는다. 저학년 수업의 중요한 작전이다.

민준이가 신이 나서 "땡!" 소리를 따라 하는 것을 보고 나는 그 음향 효과를 민준이에게 맡겼다. 다른 친구의 발표가 끝나면 내 신호에 맞추어 민준이가 "땡!"을 외친다. 나도 편해졌다. 수많은 오답과 칠판에 노란 선 몇 개를 더 추가하는 과정을 몇 번 반복하자 드디어 정답이 나왔다.

코스모스!

나는 어제 산책하며 본 코스모스 이야기를 들려준다. 사실은 거짓말이다. 난 어제 산책을 하지 않았다. 이것도 저학년 수업의 작전이다. 아이들은 이야기를 좋아하니까. 역시나 다들 푹 빠져든 얼굴이다.

"파란 하늘 아래 코스모스가 바람에 살랑살랑 움직이는 게 너무 예뻤어요. 혹시 코스모스 본 적 있는 사람!"

번쩍 올라오는 손들.

"어떤 색깔을 봤어요?"

핑크색, 연한 핑크색, 진한 핑크색, 보라색, 연한 보라색, 진한 보라색⋯. 다 듣고 드디어 내 차례.

"저는! 빨간 코스모스를 봤어요. 그리고 이 노래를 여러분이랑 같이 불러야겠다고 생각했어요."

거짓말이다. 유튜브에서 찾아서 나도 어제 처음 배웠다. 나는 반주 없이 노래 한 소절을 읊는다.

"빨개졌대요."

손을 볼에 가져다 대고 흔든다.

"길가에."

손을 다시 양옆으로 흔들고.

"코스모스 얼굴."

이번에는 팔을 쭉 뻗어 마구 흔든다.

선율 없이 가사와 동작만 계속 반복한다. 학생들이 모두 잘 따라 하게 되었을 때, 노래로 불러준다. 그리고 다음 소절로 넘어간다.

"'달님이 활짝-' 여기서는 내가 두 팔로 만들 수 있는 가장 큰 동그라미를 만드는 거야. '입 맞췄더니-' 엇, 근데 달님이 입 맞췄다는 게 무슨 말일까?"

—달이 지구로 퍽! 떨어졌어요!
—달끼리 만나서 뽀뽀를 했어요!

엉뚱한 대답을 조금 참는다. 곧 좋은 발표가 나온다.

—달빛이 환해서 우리를 잘 비춰준다는 뜻 아닐까요!
—아하!

깨달음의 탄성. 아이들 머리 위로 느낌표들이 보이는 것 같다.

내가 가르쳐준 입에 손을 가져다 댔다가 멀리 보내는 동작 대신, 양팔을 쑥쑥 앞으로 뻗는 동작을 하는 학생이 있다.

달빛이 비추는 거니까 저는 빛을 쏘는 동작을 할래요.

"좋다! 나도 그걸로 할래!" 내가 말했다.
우리는 다 같이 달빛을 쏘아댔다.

동작과 가사를 다 배웠다. 이제 노래 전체를 부르며 춤을 춘다. 그때 한 학생이 말했다.

앞에서 발표하고 싶다!

"정말? 그럼 나머지 사람들은 잠깐 춤을 못 추고 가만히 잘 봐줘야 하는데? 그럴 수 있을까?"

―네!
―그럼요!

"에이~ 왠지 떠들고 돌아다닐 것 같은데."

아니에요!

"정말 집중해서 친구가 춤추는 걸 볼 수 있어요?"

네!

나는 선심 쓴다는 듯 발표 시간을 준다. 네 명씩 나와서 춤을 추면 나머지는 노래를 불러준다. 그때 발표를 하러 나온 한 남학생이 고무줄로 머리를 묶자, 학생들이 모두 웃음을 터뜨렸다. 이 순간이다. 중요한 배움의 재료가 왔다. 일단 발표가 끝날 때까지 기다렸다가 나는 말을 꺼냈다.

"그런데 우리 반에도 '○○관념'이 있구나! 여자가 머리를 묶는 건 웃기다고 생각하지 않는데 남자가 머리를 묶으면 왜 웃기다는 생각이 들까."

교실이 갑자기 조용해졌다. 이 조용함은, "조용히 하세요!" 해서 조용해지는 것과는 조금 다른 조용함이다.

"이런 걸 '○○관념'이라고 해요. ○○에 들어갈 말이 뭘까요?"

고정!

"맞아요. 생각이 마치 딱풀로 붙인 것처럼 고정된 거예요. 방금은 남자와 여자의 머리 모양에 대해서 어떤 생각이 고정된 거예요?"

—남자는 머리가 짧고 여자는 길어야 한다고요!

"여러분 생각도 그렇게 고정되어 있어요?"

―아니요.
―조금이요.
―할머니가 그래요.
―우리 집도요.

여기서부터다. 학생들이 자기 삶을 뒤져서 차별과 편견의 말들을 찾아 교실로 모아 오는 순간.

―저희 할머니가요, 제가 다리를 벌리고 앉았다고 혼냈어요. 여자는 그러면 안 된대요.
―저희 할머니가요, 여자는 아빠다리를 하면 안 된대요.
―저희 할머니가요, 찬 바닥에 그냥 앉았다고 여자가 그러면 안 된다고 엄청 뭐라고 했어요.
―저희 할머니가요….

할머니가 많이 나온다. 아끼는 손녀들이므로 억압의 모양을 한 사랑을 아끼지 않았을 것이다. 나는 다 듣는다. 눈을 동그랗게 뜨면서 놀랍다는 리액션을 보인다. 사실은 크게 놀랄 것도 없는 이야기들. 아빠다리 얘기에서 나는 억울하다는 듯이 내 사연도 보탰다.

"선생님도 아이가 있거든."

몇 살이에요?

"아홉 살."

우리랑 똑같네!!!

"걔 이름이 별이야. 근데 별이가 옛날에 유치원에 다닐 때, 나더러 아빠다리를 하고 앉으라는 거야. 그래서 나는 이렇게 앉으면서(바닥에 나비다리를 하고 앉았다), '난 엄만데! 그러니까 이건 엄마다리야. 엄마가 앉으면 엄마다리인 거잖아!' 했지? 그랬더니 별이가 막 엉엉 울면서, 유치원에서 그렇게 안 배웠다고, 엄마다리는 이거라고(무릎을 한쪽으로 눕혀 앉는 자세로 바꿔 앉는다) 하는 거야. 아니, 내가 엄마잖아. 그럼 내가 앉으면 엄마다리인 거 아니야? 이것도 고정관념이죠?"

—진짜다.
—그러네요.

학생들이 억울해하는 나를 보고 웃으며 동감한다. 조금 난처하다는 듯이 웃는 사람도 있다. 어딘가 찔린 건지도 모른다.

―저는 장난감을 남자 거랑 여자 거랑 고정하는 거 같아요.
―맞아 맞아.

여기까지 이야기가 흘러온다. 나는 고정관념 아래에 '프'과 'ㄱ'을 쓴다.
"근데 고정관념이 무서운 게 뭔지 알아요? 바로 이게 생기거든요."
어려운 말이어서 기다리지 않고 바로 써주려는데 한 학생이 '편견!' 하고 외친다.
"이렇게 어려운 말을 어떻게 알고 있어요? 그럼 편견은 무슨 뜻일까?"

어떤 사람이 이렇다 하고 생각하는 거예요.

"맞아요. 그러니까 예를 들어서 머리가 길거나 머리를 묶은 남자를 보고, 저 사람은 좀 이상할 거라고 생각하는 거예요. 그 사람에 대해 자세히 알지도 못하면서. 그게 편견이에요."

―저는 머리 긴 남자 봤어요!
―저도요!

갑자기 머리 긴 남자를 본 이야기로 넘어가는 의식의

흐름 전개다. 일단 듣는다. 듣고 원류로 다시 돌아오게 하면 된다. 학생들은 수업 시간에 어떤 말이든 할 수 있어야 한다. 연결점을 찾는 것은 교사의 몫이다.

"와, 머리 긴 남자를 본 경험이 많이들 있네요. 그런데 그때 어떤 생각을 했어요? 혹시 이상하다는 느낌이 있었어요?"

—네.
—아니요.
—조금 그랬어요.
—그냥 아무 생각 없었어요.
—엄마가 저 사람 이상하다고 했어요.

나는 편견 아래에 'ㅊ'과 'ㅂ'을 쓴다.
"근데 진짜 무서운 것은 바로 이거예요. 편견은 이걸 만들어요."

학생들이 어렵지 않게 '차별!'이라고 외친다.

"예를 들어, 머리가 긴 남자, 혹은 머리가 짧은 여자를 보면 '뭔가 이상할 거야' 하고 편견을 가지면서, 같이 안 논다든가, 놀 때 규칙을 불리하게 해버린다든가 그런 차별을 하는 거죠!"

학생들은 갑자기 격분한다.

아 진짜 그러면 안 되죠! 너무한다.

"근데 그게 고정관념에서부터 시작된다니까요. 우리 반에도 있었잖아요."

순간 교실이 조용해진다. 2학년이 이러기는 쉽지 않다. 수업 시간에 2학년의 관심과 집중을 얻는 게, 잠깐의 조용함을 얻는 게 얼마나 어려운 일인 줄 아는가. 페미니즘 교육은 그것을 해낸다. 서로의 삶을 교실로 가져오고 연결시킨다. 이런 순간이 얼마나 많은 배움을 가져오는지 너무 모른 채로 사람들이 교육에 대해, 학교에서 페미니즘을 가르치는 것에 대해 쉽게 말한다.

우리는 잠깐의 골똘한 시간을 지나 다시 수업으로 돌아갔다. 한층 차분해진 분위기로 가을 열매를 알아보고, 마지막 10분 동안 다시 춤과 노래를 추고 수업을 마쳤다. 어떤 남학생도 일부러 웃기려고 장난으로 머리를 묶는 행동을 하지 않았다.

민기 책상

 민기 책상은 바늘 하나 꽂을 틈이 없다. 온갖 종이뭉치들과 지난 학기 교과서, 무척 아끼는 것으로 보이는 『과학동아』와 『Why』 책들, 그리고 연필과 색연필이 산처럼 쌓여 있다. 잘못 건드리면 우르르 무너져 내릴 것 같다. 그래서인지 민기는 수업 시간에 바닥에 내려가서 작업(?)을 한다.

 오늘은 동물 도감을 만들고 있었다. 종이를 오리고 테이프로 붙여 작은 책을 만들고, 쭈그려 앉아 뭔가를 열심히 적는다. 주변 바닥에도 쓰레기와 종잇조각이 흐트러져 있다. 친구들에게 빌린 테이프와 가위 따위를 바닥에 아무렇게나 팽개쳐두면 물건 주인이 필요할 때 찾아 가는 것 같았다. 그러다 다시 테이프가 필요해지면 민기는 여기 있던 테이프 어디 갔냐고 소리를 지른다. 그럼 테이프의 주인이 자리에서 일어나 가져다준다. 민기는 고맙다는 말도 없이 테이프를 낚아채서 작업을 계속 이어간다.

 쓰레기 중에는 코 푼 휴지들이 상당하다. 비염이 있는

지 수업 내내 코를 킁킁댔다. 책상 옆 창가 문틀에는 티슈 한 통이 있었는데 민기는 그걸 뽑아 코를 풀고는 대충 바닥에 던져두었다. 구겨지다 만 휴지들이 하얗고 낮은 구릉처럼 여기저기 솟아 있다.

민기와는 세 번째 만남이다. 나는 오늘 저 쓰레기 산을 해치워야겠다고 마음을 먹는다. 누군가는 해야 할 일이다. 그게 담임선생님이 아닐 수도 있는 것이다. 담임교사는 이미 많이 지치고 소진되었을 게 분명하다. 왜 아니겠는가. 교실에서 당장 10분도 버티지 못할 사람들이 교사를 비난한다. 나는 교과전담이라는 조금은 외부자적인 위치와, 민기와 형성한 약간의 라포르를 이용해 오늘 저것을 치울 것이다. 민기만이 아니라 다른 학생들을 위한 것이기도 하다. 다들 이보다 깔끔한 환경에서 지낼 수 있어야 한다.

요즘 민기는 나를 만나면 하고 싶은 이야기가 많다는 표정으로 다가온다. 오늘도 내가 교실에 들어서자마자 달려 나오더니 참사마귀가 똥구멍으로 기생충을 낳은 이야기를 해줬다.

제가 해드릴 이야기는 조금 혐오스러울 수도 있어요.

경고인지 배려인지 모를 말도 잊지 않았다. 내가 얼굴

을 찡그리며 듣자, 만족스러운 얼굴이 되어 자리로 돌아갔다. 드디어 나는 학생 전체를 향해 인사를 했다. 학생들은 "따봉샘!" 하며 나를 반갑게 맞이한다. 감격스럽다. 처음 이 교실에 들어왔을 때 무관심과 소란함 속에 얼마나 황망했던가를 떠올리면 말이다. 나는 "민기네 사마귀 이야기가 정말 충격적이다"라고 말하면서 시선을 민기 자리로 자연스럽게 돌리다가 깜짝 놀라는 척을 했다. 그리고 민기 주변에 널브러진 휴지 조각들을 가만히 바라보았다. 학생들의 시선도 그쪽으로 쏠렸다.

"민기야!"

나는 다급하게 민기를 불렀다.

"누가 네 자리에 폭탄 터뜨렸어?"

나는 진심으로 걱정되고 화나는 듯이 말했다.

"누구야? 누가 민기 자리에 휴지 폭탄을 터뜨렸어?"

민기는 조금 놀랐다가 이내 개의치 않는 표정으로 돌아가 하던 일을 계속했고, 다른 학생들이 "저거 민기가 그런 거예요!"라고 소리쳤다.

"설마 그럴 리가 없잖아. 누가 자기 자리에 이렇게 폭탄을 터뜨려."

나는 믿을 수 없다는 표정을 하고 민기에게 다가가 물었다.

"민기야, 진짜 네가 그런 거야?"

민기는 별것 아니란 듯 나를 쳐다보지도 않고 그렇다

고 대답한다. 나는 휴지 뭉치를 손으로 집으며 말한다.

"내가 도와줄게. 이것부터 버리자."

―으악!
―선생님 그거 코 푼 휴지예요!

아이들이 일제히 소리를 지른다. 나는 눈을 크게 뜬 채로 휴지를 바라보고 그대로 멈췄다. 얼굴을 과장되게 찡그리며 외쳤다. "으악 내 손!" 아이들이 모두 와하하 웃었다. 나는 들고 있던 휴지를 천천히 쓰레기통으로 가져가 떨어뜨렸다.

"휴지 폭탄 치우는 걸 내가 도와주고 싶은데, 도저히 코 푼 휴지는 못하겠다. 민기야, 이건 진짜 네가 해라."

민기는 나를 한 번 올려다보더니 순순히 휴지를 집어 쓰레기통에 넣었다.

와, 민기가 착해졌다!

한 친구가 말했다.

나 민기가 청소하는 거 처음 봐!

또 한 친구가 말했다.

나는 휴지에서 시작해 지저분한 책상과 바닥으로 천천히 눈길을 옮기며 뭔가를 결심했다는 듯이 학생들을 바라보았다.

"여러분. 이 책상은 공부하기에 적절한가요?"

아니요.

"선생님은 지금 수업보다도 이 문제를 해결하고 싶은 마음이 엄청 솟아오르고 있어요. 여러분이 조금만 기다려주고, 민기가 허락해준다면 책상을 치우는 걸 제가 도와주고 싶어요. 괜찮나요?"

―네!
―나 진짜 민기 책상 깨끗해지는 거 보고 싶어!

대부분 긍정적인 반응과 기대를 보이는 와중에 수연이가 "싫어요!"라고 말한다. 손을 얼굴 앞으로 가져와 엑스자를 분명하게 그어 보인다. 아마 민기 때문에 늘 수업을 방해받고 피해를 입는 것에 대한 억울함이 쌓여 있는 것 같다. 그런데 청소까지 해준다니! 그건 안 되는 일이다.

싫어요! 저는 수업하고 싶어요! 그냥 수업해요! 수업해요!

수연이는 계속 같은 말을 반복하며 두 팔로 완고하게 엑스자를 만들어 보였다.

"어떡하지?"

나는 고민하는 표정으로 (다 들리는) 혼잣말을 한다.

"그런데 여기는 민기 혼자 쓰는 교실도 아니고 모두의 교실이니까, 민기 책상이 깨끗하면 모두가 편할 것 같은데."

그러자 다른 학생들이 수연이를 향해 몸을 돌리고 설득하기 시작한다.

—민기 자리 깨끗해지는 것 좀 보자, 응?
—야 진짜 너무 더러워. 나도 좀 깨끗한 교실에서 살고 싶다, 응?

그래도 엑스자는 풀리지 않는다. 나는 제안을 한다.

"딱 3분이야! 3분만 줘. 나 그 안에 다 할 수 있어!"

팔을 걷어붙이면서 말한다. 엑스자가 살짝 풀린다.

정말요?

"그럼. 나 엄청 빨라."

엑스자가 완전히 풀린다.

알았어요!

하지만 중요한 단계가 하나 남았다. 민기가 허락을 해야 한다. 민기는 그 소동 속에서도 묵묵히 가위질을 하고 있었는데, 자기 책상을 정리하는 쪽으로 결정이 나자 갑자기 고개를 들고 말했다.

뭐야, 내 소중한 물건을 다 치워버린다고?

"아니야. 나는 도와주고 싶은 거야. 정리는 네가 허락하면 할 거야. 근데 솔직히 너무 폭탄 맞은 것 같아서 정신없긴 해. 도와주게 해줬으면 좋겠어."

민기는 한껏 선심을 쓰는 표정으로 알겠다고 고개를 끄덕인다.

그동안 여러 교사와 강사들이 그 반에 들어갔음에도 쓰레기 산을 어쩌지 못한 이유는, 조금만 손을 대도 민기가 소리를 질렀기 때문이다. 듣자 하니 그냥 소리만 지르는 게 아니라고 했다. 물건을 던지고 발을 쿵쾅거리며 엄청난 소동을 일으킨다고 했다. 그냥 놔두는 게 상책이라는, 다른 친구들에게 피해 입히지 않고 있어주는 것만으로도 다행이라는 암묵적인 원칙이 생긴 듯했다. 교실의 상황은 바깥에서 보는 것보다 훨씬 더 위태롭고 열악하다. 다른 전문가의 지원이나 개입 없이 교사 혼자서 대처해야 할 개별적이고 심각한 문제들이 교실에 산재해 있다. 수많은 우선순위와 다급한 일들 속에서, 청소는 여력이 있을 때에야 할 수 있는 일이다. 그리고 모두가 여력이 없다. 다행히 그 여력이란 것이, 지금 이 순간 나에게는 있을 뿐이다.

아이들은 얄짤없었다. 바로 숫자를 세기 시작했다.

3분이면 180초야!

일 이 삼 사 오… 칠십칠 칠십팔 칠십구…. 지치지도 않고 센다. 그러면서 나의 날쌘 손놀림을 흥미롭게 지켜본다. 나는 손을 척척 움직이면서도 표정으로는 헐레벌떡하는 시늉을 한다. 색연필 두 세트와 사인펜 한 세트가 모두 밖으로 흩어져 있었는데 나는 그걸 제자리에 끼워 넣다가 도저히 안 되겠다는 표정으로 민기를 불렀다.

"민기야, 빨리! 시간이 없어! 이건 네가 좀 해야 해. 난 종잇조각을 모아야 하거든!"

태연하게 도감을 만들고 있던 민기가 얼떨결에 색연필을 함께 정리한다.

―*민기가 착해졌어!*
―*민기가 선생님 말 듣는 거 처음 봐!*
―*백칠십 백칠십일 백칠십이….*

거의 다 치웠지만 그래도 역부족이라는 표정을 짓자, 한 학생이 큰 소리로 "우리 30초 더 주자!"라고 말한다. 다시 30부터 카운트가 들어간다. 민기의 책상과 그 주변은 아주 말끔하게 정리되었다. 시간은 20분이 지나 있었다. 남은 20분은 공공장소에서 지켜야 할 규칙에 대해 공부했다. 교실을 나서며 말했다.

"민기! 다음 주에 선생님 만날 때까지 계속 이렇게 깨끗하게 유지할 수 있어?"

민기는 "네!"라고 약속했다.

약속했다. 분명히 약속했어, 너.

학교에서 마음을 지켜낸다는 것

 욕하면서 배운다는 말이 어떤 뜻인지, 얼마나 무서운 말인지 예전에는 몰랐다. 그러니까 욕을 한다는 것은 욕을 하는 대상이 내 삶에서 얼마가 됐든 간에 비중을 차지한다는 뜻이다. 이 넓고 넓은 세상에서, 배울 것도, 새롭게 깨칠 것도, 좋고 아름다운 것도, 근사한 사람들도 많은 이 세상에서 욕하는 대상에 내 삶의 초점을 맞춘다는 뜻이다. 비판적인 관점이 꼭 필요한 일들이 있지만, 내 삶의 개별적인 인간관계와, 단순 배경으로 지나가야 할 일마저 세세하게 비판적 시각을 활성화시킬 필요는 없다. 정말 중요한 순간을 위해서 잠깐 꺼두는 게 좋다. 결정적인 순간에 내 비판의 언어가 지쳐 있으면 안 되기에 더욱 그렇다.

 학교에는 욕할 거리가 많다. 만 하루, 스물네 시간을 나에게 줄 테니 학교의 문제점을 말해보라고 하면 나는 밥 먹고 화장실 가는 시간만 빼면 쉬지 않고 말할 수 있을 것 같다. 학교의 문제는 어떤 한두 사람의 잘못으로 환원될 수도 없고, 오랜 문화와 제도, 구조 안에 문제의 원인과 결과가 복잡하게 얽혀 있어 단선적인 해결책을 찾기도 어렵다. 누군가를 탓하기보다 그 복잡한 맥락을 함께 들여다보는 데서 시작해야 한다.

그러나 쉬운 길로 가고 싶어질 때가 있다. 당장 눈앞에 있는 아이들을 탓하고, '요즘 엄마들이 문제야' 하는 성토에 와락 합류하고도 싶다. 교과실에 있으면 문제 행동을 보이는 특정 학생들의 이름이 자주 거론된다. 학교가 작아서 교과전담 교사들이 여러 학년의 여러 교실을 들어가기 때문에 서로 겹치는 반이 많다. 때로는 위로가 되기도 한다. 나만 힘든 건 아니구나, 그 학생이 나한테만 그러는 건 아니구나, 내 수업 자체의 문제는 아니구나 안심하기도 한다.

정말 힘드셨겠어요. 아, 그럴 때 정말 복장 터지죠.

공감의 말들은 서로에게 힘을 준다. 유난히 힘든 반의 수업을 마친 교사의 얼굴을 보면 활력과 생기가 쪽쪽 빨려 나간 게 확연히 느껴진다. 죽음의 색과 톤이 있다면 이런 것이겠다는 생각이 든다. 아침에 인사할 때까지만 해도 분명히 있었던 생기가 수업 몇 시간 만에 자취를 감추는 건 좀 무서운 일이다. 교사는 단명한다는 말은 진실일 것 같다. 오래 살려면 교사는 안 해야 한다.

하지만 교과실에서 오고 가는 특정 학생에 대한 비난의 말을 무방비로 듣고 있기가 조금 힘들다. 서로 힘든 마음을 나누고 공감하는 것까지야 필요하더라도 학교는 교육을 위한 공적인 장소이고, 최소한의 교사 정체성을 서로를 위해 유지하고 있어야 한다고 생각한다. 미운 마음에 실컷 욕을 하다가도 어쨌든 결론에 이르러서는 그럼에도 불구하고 어떻게 하면 조금이라도 나아질까, 학생의 가능성에 대한 믿음을 전제로 대화가 흘러가야 한다. 교사가 할 수 있는 것은 무엇인지, 할 수 없는 것은 무엇인지도 선명하게 이야기해볼 필요가 있다. 가정 교육이 안 되었다고 백날 천날 보호자 욕을 해 봐야, 어쩔 것인가. 우리가 발 딛고 사는 세상이 모든 어린이가 안정적인 가정에서 보육되는 천국이 아님은 이미 주지하고 있지 않은가.

교사 선에서 대처할 수 없어 학교 측에 요구할 사항은 없는지, 더 나아가 지역 교육청이나 교육부에 민원을 넣을 사항은 없는지로 이야기가 확장되면 좋을 것이나, 하지만 그런 법은 별로 없다. 나는 민기의 행동에 대해 민기 교실에 수업을 들어가는 교과전담 교사들과 담임, 교장, 교감으로 구성된 별도의 위원회를 구성해 민기의 보호자(문제의 심각성을 전혀 모르며, 담임교사의 무능함 탓이라고 믿고 있다)가 자녀의 상태를 정확히 인지하고 상담치료나 학교 측의 조치에 협력할 수 있도록(적어도 담임교사를 비난하는 행위는 중지할 수 있도록) 압박을 해야 한다고 제안했다가 한 칼에 거절당했다. 단호한 거절에는 애초에 말이 안 통하는 보호자와 엮여 좋을 게 없다는 경험적 근거가 있었다. 그

또한 이해가 갔다. 대신 대책을 세우고 방향성을 함께 고민할 것이 아니면 비난으로 끝나는 비난은 멈추자고 말하고 싶다.

하지만 못한다. 솔직히 '오죽하면' 하는 마음이 있다. 더 중요한 건 동료를 비난하느라 에너지를 쓰고 싶지 않다. 수업을 준비하고, 수업을 하고, 수업을 복기하는 데만 해도 나의 직업적 에너지를 풀로 가동시켜야 한다. 생산적인 토론의 장이 없고, 동료가 내 조언이나 충고를 요청하지도 않는 상황에서 내 안의 비판적 시각을 밖으로 드러내는 것이 무슨 소용이 있겠나. 교과실 분위기만 더 살벌해지고 나는 그것을 해결하는 데 또 나의 직업적 에너지의 상당 부분을 소모해야 하는 것이다.

그래서 그냥 공감을 하기로 한다. 그 힘듦에, 그 괴로움에. '오죽하면'이라고 다시 속으로 생각한다. 연민과 연대와 공감만을 길어 올린다. 그게 최선이다. 그리고 내가 만들어낼 수 있는 새로운 에너지에 집중한다. 오히려 이럴 때일수록 교과실에 웃음이 끊이지 않게 유머를 담당하는 게 낫다.

하지만 가끔은 내 마음을 지키는 게 힘에 부친다. 나도 그냥 막 욕하고 싶을 때가 있으니까. 민기를 비롯한, 도저히 용납될 수 없는 언행과 폭력을 반복하는 학생들을 보며 내 안에도 똑같은 미운 마음이 도사리고 있으니까. 누가 그 마음을 건드려주면 솔직히 나도 조금은 안도하고, 긴장이 풀리고, 내가 할 수 있는 일은 없다고 믿고 싶어진다. 뭘 더 해 봤자 안 될 거라고, 교사로서의 자긍심은 물론 학생들의 잠재력과 가능성까지도 다 불신하고 내려놓고 싶어진다.

그러니까 나는 내 마음속의 나쁜 면을 어떤 사람의 얼굴과 말의 형상으로 대면하고 있는 것이다. 매일매일 일정한 시간 동안 말이다. 이것을 내가 신랄하게 비판하고 비난하는 순간, 그것은 완벽한 타자의 일이 된다. 타자화. 나에게는 없다고 믿고 싶은 마음. 그래서 소스라치고 싶어지고, 더 거세게 비난하고 싶어지는 마음. 그것을 더 자세히 자주 들여다보면서 그 모든 나쁜 면들을 내 삶의 중요한 영역으로 들여놓는 일.

나는 그러고 싶지 않다. 그러니까 나는 이렇게 할 것이다. 교과실에 난무하는 그런 (듣고 싶지 않은) 말을 마주할 때마다 나는 그것이 내 마음을 통과해 사소하게 지나가게 할 것이다.

그렇지, 그런 마음이 있지. 내 속에도 있지.

하지만 더 좋은 것도 있지.

문제 행동을 반복하는 학생이라도 분명히 나아질 수 있을 거라고 믿는 마음이 있다. 잠깐 잠깐은 미울 수 있지만, 그럼에도 나는 그 바탕에 존중과 애정을 가지고 학생을 대할 수 있는 사람이다. 내 속에는 좋은 교사가 될 수 있는 자질이 있고, 나는 그것을 키워갈 것이다. 그러니 이 마음은 그냥 흘려보내자. 그리고 내일 수업을 즐겁게 준비하자. 이렇게 매일 다짐을 할 것이다. 욕하면서 배우는 일은 없도록 마음을 지킬 것이다.

 이것은 내가 나 자신에게 쓴 글이다. 종종 흔들릴 나를 다시 돌려세우고 설득하기 위한 글이다.

저학년 수업의 열쇠

1학년 교실에는 수업 시간에 돌아다니는 학생이 세 명 있다. 한 학생은 정말 한시도 앉아 있지 못하고 넓지도 않은 교실 뒤를 종횡무진하면서 돌아다니다가 가끔 교실 앞에도 볼일이 있다는 듯 무심하게 걸어 나온다. 그리고 자리로 돌아가는 길에는 꼭 다른 친구들 일에 참견하면서 내가 어렵사리 얻은 교실의 집중을 손쉽게 흩트려버린다. 하던 말과 맥이 툭 끊어진 채로 그 뒤꼭지를 속수무책으로 바라만 보는, 앞에 선 사람의 마음을 잠시 상상해보자.

다른 한 학생은 한시는 가만히 있지만 두시는 가만 있지 못한다(이렇게 쓰는 표현이 아닌 것을 알고 있다). 수업과 관련 없이 어질러진 책상 위에서 무언가를 끊임없이 만들고 붙이다가, '한시'가 다가오면 같이 논다.

세 번째 학생은 참을성이 세시 정도 된다(편의상 이름 대신 '세시'라고 부르겠다). 세시는 엉덩이가 들썩거릴 때 조금은 참으려고 노력한다. 세 번 정도 유혹이 오면 한 번은 물리치는 식이다. 하지만 한시와 두시가 옆으로 오면 여지없이 흔들리고 만다. 그럼 교실 뒤에서 세 사람의 몸 씨름 혹은 팽이 시합 같은 게 벌어진다. 물론 수업 중의 이야기다.

세 사람이 뒤에서 그러고 있는데 수업 진행이 원활히 되겠는가. 조용히 하라고, 여기를 보라고 말하면 약 2초 정도 집중하다가 무슨 일이 있었냐는 듯 원래 하던 일로 되돌아간다.

한시는 자기 의지로는 행동 조절이 어려운 게 눈에 보였다. 그래서 나는 첫 수업부터 두시를 공략했다. 두시에게 물었다.

"엉덩이를 의자에 대고 앉아서 이야기를 듣는 게 많이 힘들어?"

두시는 고개를 끄덕였다.

"혹시 의자에 앉는 게 힘든 거야? 바닥에 앉으면 더 오래 버틸 수 있을 것 같아?"

고민을 해보더니 그럴 것 같다고 했다. 나는 교실 앞 바닥 한 켠에 자리를 마련해 편하게 앉게 했다. 종이와 연필을 주면서 그리고 싶은 게 있으면 그리라고, 그러면서 수업에도 귀를 기울여보라고 했다. 바로 옆에 앉아 있던 두시가 앞으로 나가자 한시는 조금 황망해했다. 그리고 이제는 앞에 앉은 세시에게 꾸준히 말을 걸었다. 세시에게 다가오던 유혹은 세 번에서 열 번 정도로 늘었고 이번에는 세시가 거의 의자에 앉아 있지를 못하는 지경이 되었다.

　두시는 나와 교감을 쌓고 칭찬과 격려를 들으며 조금씩 나아졌다. 수업이 시작되면 이제 자기 자리에서 "선생님! 저 바르게 앉으려고 노력하고 있어요!"라고 말하고, 내가 엄지를 들어주면 허리를 더 반듯이 세웠다. 하지만 아직도 두 사람이 남았다. 수업은 꾸준히 방해받고 있었다. 어쩌랴. 내 몸은 하나이고, 한시 두시 세시 말고도 오롯이 앉아 있는 게 쉽지만은 않은 학생들이 몇몇 더 있으며, 자기와 눈을 맞추고 말을 들어줄 때까지 백 번이라도 "선생님!"을 외치는 학생들이 대략 열다섯 명 정도 더 있다.

　교과서 삽화를 보며 각자의 경험을 이야기하는 날이었다. 이날도 역시 수업을 시작한 지 3분이 채 안 되어 한시와 세시가 교실 뒤편에서 팽이 돌릴 준비를 하고 있다. 어째서 저렇게 자연스럽단 말인가! 3월에 입학해서 완연한 가을이 지나도록 담임선생님한테 혼나기도 많이 혼났을 것인데 어쩜 저렇게 끄떡이 없을까. 자리에 앉으라고 말하기에도 입이 아팠다. 어렵게 앉혀도 곧 다시 자리에서 일어날 것임을 알았다. 하지만 해야 한다. 그게 교사의 일이다. 같은 말을 끝없이 반복하는 것이 교사의 중요한 역할이다. 인간은 한 번에, 하루 만에 성장하고 변화하지 않으니까.

　"우와 그 팽이 뭐야, 나도 할래."

나름 노력하던 두시도 팽이를 보고 동요하는 게 포착되자 나는 냉큼 교실 뒤로 갔다. 왜 그랬는지는 모른다. 사실 어떤 생각과 판단을 할 여유가 교실에는 없다. 이런 일은 몸이 먼저 한다. 나는 교실 뒤에 나와 있는 세 사람에게 다가가 나란히 섰다. 앞을 보던 나머지 학생들이 모두 뒤로 몸을 돌렸다. 그런데 뒤에서 본 교실 풍경이 순간 낯설게 느껴졌다. 분명 같은 교실인데, 내가 알던 평상시의 교실이 아니었다. 팽이를 든 채로 앞을 보고 선 한시와 두시 세시의 눈에 비친 교실. 여기서 칠판은 정말 멀었다. 마음도 몸도 다 멀었다.

내가 뒤로 오자 한시가 내 옆구리에 몸을 척 붙이며 안겨왔다. 자석처럼. 그러자 두시와 세시도 내 곁으로 바짝 다가와 섰다. 나는 그 상태 그대로 수업을 이어갔다. 주의를 줄 필요도, 주의를 주기 위해 하던 말을 멈출 필요도 없었다. 나에게는 손과 발이 있으니까! 나는 팔로 두시와 세시의 어깨를 부드럽게 감싼 채로 함께 교과서 그림을 봤다. 한시가 팽이를 던졌을 때는 내가 먼저 몸을 움직여 바닥에 떨어진 팽이를 주웠다. 한시는 내 주머니 속으로 사라진 팽이를 잠시 바라보다가 결국 교과서로 관심을 돌렸다. 우리는 순조롭게 교과서 삽화를 보며 필요한 이야기를 나누고 수업을 마쳤다. 저학년 수업의 중요한 열쇠를 발견한 것 같다. 내 손과 발이었다.

가장 중요한 수업의 자원은

 복직 한 달째. 피로가 온몸에 차곡차곡 밀도 높게 쌓여 가고 있다. 일요일 밤, 푹 자면 내일은 좀 나을까 기대하면서도 어림없겠다 싶었다. 월요일은 시간표가 꽉 찬 데다가 1학년 묶음수업이 나란히 두 개나 있다. 그런데 이상하게도 마음은 가볍다. 1학년 아이들 얼굴을 떠올리니 조금 설레기까지 한다.

 몸은 아니었다. 아침에 간신히 눈은 떴지만 나머지 몸은 전혀 깨어나지 못했다. 교실에 들어가자 학생들이 나를 보며 반갑게 인사했고, 나도 분명히 반가운 표정으로 화답했겠지만 머릿속은 하얬다. 내가 어떻게 말하고 있는지, 학생들이 뭐라고 하는지 집중하기도 너무 어려웠다. 아이들의 말을 눈을 감고 듣기도 하고, 한 번 더 말해달라고 요청하기도 했다. 땅을 뚫고 내려간 것 같은 기운을 가까스로 입구멍까지 끌어올려 천천히 말하는 내 목소리가 아득했다.

하루의 수업이 다 끝나고 내일 수업을 준비하는 의미로 교실 바닥에서 요가를 했다. 교사의 몸은 수업의 귀한 자원이다. 아무리 열심히 연구하고, 완벽한 수업을 계획해도 그걸 실행하는 것은 학생들과 만나는 시간의 나다. 좋은 몸 상태보다 더 좋은 수업 준비란 없는 것 같다. 적어도 나에게는 그렇다.

그러나 아이들은 피곤한 나에게도 얼마나 한없이 너그럽고 다정하던지. 눈이 제대로 안 떠질 지경인 나에게 반갑게 다가와서 인사를 하고 또 내 걱정을 해준다. 몸이 안 좋을 때는 안 좋은 대로 아이들을 만나는 방법이 있는 것 같다. 컨디션이 나쁘지 않다면 더 좋겠지만 어쩌랴, 나는 기계가 아닌 걸. 피곤함에 절어 있을지언정 이조차도 다 나인 걸. 아이들은 그걸 제일 잘 알아준다.

그러니 나도 나 스스로를 너그럽게 대할 것이다. 하루가 이렇게 부실한 체력 위에서 허물어지듯 흘러갔어도 자책하지 않을 것이다. 이런 날도 있는 것이다.

긴급 학급 회의

이 지방 덩어리야!

6학년 실과 시간. 인사를 나누고 수업을 막 시작하려던 참이었다. 나는 하던 말을 멈추고 가만히 서 있었다. 교실이 조용해졌다. 나는 고요 속에서 천천히 읊조린다.

"지방 덩어리…."

영양소에 대해 배우는 시간이다. 오늘의 주제는 간식 생활이었다. 우리 반의 간식 실태를 파악하고 건강에 도움이 되는 간식과 그렇지 않은 간식을 알아보는 공부였다. 하지만 그게 다 무슨 소용인가. 친구를 '지방 덩어리'라고 부르고 그 말에 낄낄 웃음이 터지는 교실에서 영양소를 공부하고 건강한 간식 생활에 대해 배우는 것이 무슨 의미가 있나. 담임교사가 아니니까 그냥 교과 진도나 빼자, 이럴 수는 없는 것이다. 나는 일종의 긴급 학급 회의 시간을 갖기로 한다.

누가 누구에게 한 말인지 먼저 파악한다. 문제의 발화를 한 학생인 도열이를 잠시 바라보다 담담하게 묻는다.

"지방 덩어리라는 말이 갑자기 왜 나온 거예요? 기분 나쁜 말이라는 걸 모르진 않았을 텐데 승우를 기분 나쁘게 하고 싶은 이유가 있었나요?"

승우가 뒤에서 자꾸 책상을 건드려요.

"신경이 쓰였겠네. 그럼 승우가 책상을 건드리지 않길 바란 거예요?"

도열이 답하기 전에 이번에는 승우가 억울함을 토로한다.

ㅡ도열이도 맨날 저 아무것도 안 했는데 막 건드리고 욕해요.
ㅡ내가 언제! 네가 먼저 그랬잖아!

다시 받아치는 도열.

"잠깐 잠깐. 우리 하나씩 하자. 누구 말이든 천천히 다 들을 테니까 지금은 일단 '지방 덩어리'에만 집중합시다. 욕 대신 바른 말로 자기 생각을 전달하고 자기가 원하는 걸 요청하는 법을 배우는 게 실과 수업보다 더 중요한 것 같아요. 도열이가 말하고 싶었던 건 '책상을 건드리지 않았으면 좋겠다'야?"

네.

"많이 불편했다는 것도 전달되면 좋겠네?"

네.

도열이는 심기가 불편한 얼굴로 간신히 대답만 한다.
"그런데 '지방 덩어리'라는 다섯 글자에는 그런 메시지가 있어?"

도열이가 말이 없다. 나는 학급 전체에게 질문을 돌려 서로 생각을 나누었다. 그런데 그러는 도중에 도열이에 대한 친구들의 불만이 속속 터져 나왔다. 처음엔 눈치를 보며 망설이던 학생들, 평소 수업 시간에 말이 없던 학생들까지도 각자의 사연을 털어놓기 시작했다. 하나씩 들어보니 도열이의 언어 폭력이 빈번하고 꽤 심각했다. 나는 중간중간에 당부를 해가면서 이야기를 청했다. 아무리 잘못을 했어도 자기 잘못을 여러 사람들에게서 집중적으로 들어야 하는 이 시간은 많이 불편하고 힘들 수 있으니, 도열이가 비난받았다고 느끼고 끝나는 것이 아니라 서로의 입장을 알아가는 시간이 될 수 있게 조심히 말하자고 했다. 도열이에게는 친구들의 이야기를 듣다가 사실이 아닌 부분이 있으면 바로 손을 들고 정정해 달라고 했다. 친구들은 도열이를 최대한 배려하면서 조심스럽게 이야기를 꺼냈고 도열이는 대부분 인정했다.

학생들이 풀어놓은 사연을 언어 폭력과 물리적 폭력으로 나누어 정리했다. 도열이가 자주 하는 욕설을 언어 폭력 쪽에 적었다. 칠판 한쪽이 가득 찼다. 도열이는 진지한 상황이 버거운지 옆에 있는 서준이와 계속 킬킬거리며 장난을 쳤다. 한 학생이 도열이에게 상처받은 이야기를 아주 진지하게 털어놓는 동안에도 그랬다.

나는 서준이에게 말했다.

"도열이랑 친한 사이예요?"

네.

"지금 도열이에게 중요한 시간인 걸 알고 있나요?"

서준이는 고개를 저었다. 정말 모르는 것 같았다. 조금 눈치가 없는 학생들이 있다. 정말 어떤 상황인지 모를 수도 있다. 항상 그럴 수 있다는 걸 염두에 두어야 한다.

"지금 도열이가 중요한 걸 배우고 있는데, 도열이한테는 좀 힘든 시간일 수도 있어요. 자기 잘못을 인정하고 돌아봐야 하거든요. 그럴 때는 막 숨고 싶기도 해. 근데 지금 서준이가 도열이한테 숨을 곳이 되고 있는 것 같아."

서준이는 한참 눈을 꿈뻑거린다. 옆에 있던 친구가 쉽

게 설명해준다.

그러니까 네가 장난을 계속 받아주면 도열이가 진지하게 이야기를 듣기가 어렵다는 말이야.

서준이는 머리 위에 느낌표 백 개가 뜬 것 같은 표정을 짓더니 그 후로는 협조적으로 행동했다. 같이 장난을 치고 웃어줄 친구가 없어지자 도열이는 무표정한 얼굴이 되었다. 나는 비폭력 대화법을 알려주었다. 자신이 어떤 상황인지 정보를 전할 것. 자기 감정이나 느낌을 표현할 것. 마지막으로 중요한 것은, 그래서 무엇을 원하는지 요청 사항을 말할 것. 여러 가지 사례를 들어서 설명했다. 그리고 도열이에게 물었다.

"도열이는 하루에 욕설을 대략 몇 번 정도 하는 것 같니?"

세보지 않았는데요.

"그럼 내가 보기를 줄게요. 정확하진 않아도 돼. 다섯 번 이상?"
고개를 끄덕인다.
"열 번 이상?"
다시 끄덕임.

"스무 번 이상?"

한참 고민하다가 대답한다.

어쩔 때는 넘고 어쩔 때는 안 넘는 것 같아요.

"그럼 우리 지금 딱 목표를 정해보자. 자기 감정을 있는 그대로 말하고 필요한 걸 담담히 요청하는 게 얼마나 어려운지 몰라. 어른들도 그래. 사실 나도 잘 못할 때 많아. 거기다 지금 도열이는 당장 짜증나고 답답하면 그걸 욕으로 풀어버리는 게 이미 습관이 되었잖아. 그러니까 한 번에 고칠 수는 없어요. 일단은 줄여봅시다! 하루 열 번으로!"

교실이 술렁거린다. 욕을 열 번은 하라는 말인가!

"그럼 가장 먼저 어떤 것부터 해야 할까요."

나는 학급 전체에게 질문을 돌린다. 여러 답변이 나왔는데, 의도한 답은 기다려도 나오질 않아서 내가 말했다.

"'기록하기'입니다. 욕을 할 때마다 표시하세요. 오늘 욕을 아홉 번 했다! 그럼 칭찬해요. 많이 칭찬해줘요. 원래 스무 번씩 했는데 열 번 아래로 하면 엄청 노력한 거잖아요. 그렇게 조금씩 줄이면 돼요. 친구들도 같이 카운트 해줘요. 카운트할 때, '야! 너 욕했어! 내가 그럴 줄 알았다 너!' 이런 식이면 안 되겠죠? 안타까워하면서, '메시지를 전하기 전에 욕이 먼저 나와버렸구나. 아이고 어쩌나' 이런 마음으로 봐줘요."

도열이에게 그렇게 할 수 있겠느냐고 물었더니 고개를 순순히 끄덕인다. 나는 '바를 정' 자로 횟수를 쓰는 법을 아냐고 물어봤다. 좀 가벼운 화제로 분위기를 돌려보는 것이다. 모르는 사람이 있어서 칠판에 써서 보여준다.

어느덧 시간이 한참 지나 있었고 이제 수업을 시작할까 하는데 갑자기 서준이가 기뻐하며 소리쳤다.

선생님! 방금 도열이가 욕을 안 하고 자기가 원하는 걸 말했어요!

"우와, 어떻게 말했는데?"

'책상 좀 뒤로 밀어줄래. 나 불편해'라고 했어요.

나는 감동한 표정으로 박수를 쳤다. 우리는 모두 손바닥이 아플 정도로 박수를 쳤다.

"저는 나쁜 행동을 생각보다 쉽게 바꿀 수 있다고 생각해요. 서로 도와주고 격려하면 더 쉬워지고요."

나는 도열이를 보면서 "열 번! 꼭 세어봐!"라고 말했다. 나는 담임이 아니라 도열이가 진짜로 하는지 어쩌는지까지는 체크할 수 없다. 다음 주에 만나서 물었을 때 한 번도 안 세어봤다는 대답을 들을 수도 있다. 괜찮다. 한 번에 되는 것은 아니니까.

그리고 오늘 실과 수업은 안 했다. 대신 동그랗게 서서 놀이를 했다. 도열이의 노력에 대한 보상이기도 했고 심각한 이야기를 한참 했으니 좀 웃다가 헤어지고 싶었다. 간식 생활 지식보다 더 중요한 걸 배웠으니까. 그리고 내가 요즘 건강한 간식 생활을 가르치기가 참 부끄러운 상황이다. 어젯밤만 해도 자기 전에 초코파이 두 개를 먹었고….

안아봐도 돼요?

선생님 안아봐도 돼요?

나는 내가 잘못 들은 줄 알았다. 2학년 수업을 마치고 교실을 나왔을 때 도연이가 나를 따라 나와서 할 말이 있다는 듯이 나를 올려다보았다. 나는 자세를 낮춰 아이의 얼굴 가까이 귀를 가져다 댔다.

선생님 안아보고 싶어요.

두 번째 들었을 때도 잘못 들었다고 생각했다. 혹시 발음이 비슷한 전혀 다른 말이면 뒷감당을 어찌할 것인가. 나는 세 번째로 다시 물었다.
"뭐라고? 마스크 때문에 잘 안 들린다."

선생님을 안고 싶어요.

두 팔을 벌리면서 세 번째로 같은 말을 하면서 다가왔을 때 나는 그게 포옹을 하자는 말인 걸 확실히 깨달았다.
"그럼, 당연하지!"
나는 팔을 마주 벌렸다. 도연이는 나를 힘 있게 안았다. 나도 팔에 꽉 힘을 줬다.

선생님이 너무 좋아요. 저는 화요일이 제일 좋은 요일이에요. 선생님을 만나서요.

어떻게 그렇게 한 음절 한 음절에 힘을 주어 자신의 진심을 분명히 전할까. 이걸 할 수 있는 사람이, 아이와 어른을 포함해서 이 세상에 얼마나 될까.

도연이는 포옹을 끝내고 할 말을 다 했다는 듯이 미련 없이 교실로 돌아갔지만 나는 잠시 복도에 그대로 서 있었다. 이걸로 오늘은 충분하다고 생각했다. 하루를 견디기 위한 보상으로 이보다 더 큰 것은 없다고, 나머지 시간은 그냥 다 덤이라고 생각했다.

철봉 낙상 사고

사고는 순간이다. 알고 있었는데 다시 배웠다. 정말 다시 배우고 싶지 않았는데.

지난 목요일 6학년 컴퓨터 실습 수업이 있었다. 미리 컴퓨터실 예약을 해두었는데 다른 반이 컴퓨터실을 사용하고 있었다. 20분만 주면 활동을 마무리할 수 있다고 해서 기다리기로 하고 날씨가 좋아 잠시 운동장 놀이터로 갔다. 그때까진 더할 것 없이 행복했다.

나는 늘 그렇듯 철봉으로 달려갔다. 거꾸로 대롱대롱 매달려 하늘과 땅을 보는 걸 좋아한다. 달랑거리면서 뒤집힌 풍경을 음미하는 것. 그건 철봉을 앞에 둔 자로서 너무 당연한 일이었다. 그러고 있으면 학생들이 하나둘 관심을 갖고 주변으로 모여들 것이다. 철봉 매달리기는 사실 나의 관종력에서 비롯된 것이라고도 할 수 있다. 역시나 아이들이 내 쪽으로 몰려왔고, 나는 멋지게 한 바퀴 턴을 한 뒤 가볍게 착지하려고 했다.

그랬는데… 몸을 세워 손이 철봉을 꽉 잡기 전에 발이 먼저 떨어져버렸다. 나는 몸이 'ㄷ'자로 구부러진 상태 그대로 등부터 운동장 바닥에 추락했다.

수업을 취소하고 즉시 학교 인근 정형외과로 갔다. 척추압박골절이었다. 최소 3개월은 침상에서 안정을 취해야 한단다. 나는 처음엔 나의 부주의함을(그러게 철봉 좀 꽉 잡지), 그러다 나의 의욕 넘침을(굳이 철봉에 올라가야 했어?) 자책하다가 이내 방향을 획 꺾어서 '아니 대체 누가 먼저 예약한 컴퓨터실에서 새치기를 해!' 하는 마음이 되었다. 그러나 이내 마음을 고쳐먹었다. 이것은 그냥 작은 불행이다. 지나갈 일이다. 잘 대해주고 잘 보낼 일이다. 그리고 나는 후회하지 않을 것이다! 그토록 화창한 가을날, 컴퓨터실을 기다리는 20여 분의 시간이 다시 생긴다면 이번에도 나는 학생들과 운동장으로 뛰어갈 것이다!

방학 지나고 2월에 보자, 얘들아. 시간 금방 간다. 이것만큼은 내가 확실히 알아. 아무리 힘든 시간도, 다 지나가더라.

오늘의 학교가 마음에 들었다

2022년
척추 부상 후 복직

1학년 배려 수업

영원히 오지 않을 것 같던 2월이 되었다. 개학을 맞아 나는 허리 보호대를 차고 어엿하게 출근을 했다. 다시 돌아온 학교에서 나는 살아 숨쉬며 걸어 다니는 안전교육의 현신이다.

"날씨가 따뜻해졌는데 공부 다 하고 나가서 놀까?"

―선생님 또 다치면 어떡해요.
―선생님 그럼 대신 뛰지 마세요.
―선생님은 놀지 말고 우리 놀 때 그냥 앉아 있어요.

오늘은 배려에 대해 배우는 통합교과 시간이다. 칠판에 수업 주제라며 'ㅂ'과 'ㄹ'을 쓰자, '바람이네 바람이야' 하며 아이들이 뿌듯해한다.

"바람을 배워도 재밌겠지만 오늘은 아닙니다. 힌트를 주겠습니다. 눈에 보이지 않지만 이게 없으면 지옥이 펼쳐질 수 있습니다."

바람 아니에요? 바람 맞는 것 같은데….

힌트를 더 달라는 아우성에 "이건 말하면 바로 알 텐데" 하면서 "마음과 관련된 겁니다!"라고 말했지만 아무도 맞히지 못했다.
"그럼 이번엔 연극으로 힌트를 줄게요."
맨 앞자리에 있는 여학생에게 잠깐 나와 달라고 부탁해 귓속말로 말했다. "지금은 미술 시간이야. 그런데 넌 색연필이 없어. '어쩌지?' 하는 표정을 지어줘." 앞으로 나온 학생은 당황하고 긴장한 표정이 역력했고 다른 학생들은 그걸 보더니 자기가 하고 싶다며 난리다. 나는 약간 불안한 마음이었지만 그냥 강행했다.
"레디 액션 하면 시작합니다. 다 같이 레디!"

액션!

교실을 쩌렁쩌렁하게 울리는 '액션' 소리로 연극이 시작되는데, 아니 이 학생 그렇게 당황해서 굳어 있더니 엄청 또랑한 목소리로 연기를 펼친다.

(당황한 표정 연기) 어, 어떡하지. 색연필을 안 가져왔네. 그

림을 칠해야 하는데 어떡하지!

나는 옆에서 색연필로 색칠하는 시늉을 열심히 하다가 옆을 보고 고민이 된다는 듯 혼잣말을 한다.
"아, 나도 이거 빨리 다 색칠하고 싶은데 어떡하지. 빌려줄까 말까 고민되네."
그리고 결심한 듯이 말한다.
"내 색연필 같이 쓸래?"
역시 또랑한 목소리가 대답한다.

좋아! 정말 고마워!

박수가 나왔다. 정말 연기를 잘했다. 여기저기서 정답이 나왔다.

배려! 배려네 배려!

누군가에게 배려를 받았거나 자신이 배려해본 경험을 떠올리면서 배려가 무엇일지 이야기를 나누었다. 나는 학생들이 말한 내용을 칠판에 적었다.

—배려는 아픈 친구를 도와주는 거예요.
—응가가 급한 친구에게 화장실을 양보하는 거예요.

―친구가 필통을 쏟았을 때 연필을 같이 줍는 거예요.
―친절하게 말하는 거예요.
―누가 아프면 괜찮냐고 물어보는 거예요.
―뒷사람을 위해 문을 잡아주는 거예요.
―누가 방귀를 뀌었을 때 모른 척해주는 거예요.

그리고 두 사람씩 팀을 이루어 배려를 주제로 연극을 만들고 발표했다. 한 사람도 빠짐없이 다 했다. 한 팀이 주제를 못 잡고 있길래 내가 '엘리베이터에서 멀리서 뛰어오는 사람을 위해 문 열림 버튼을 눌러주는 것 어떠냐'고 아이디어를 내고 직접 엘리베이터 역할을 했다. 양팔을 동그랗게 모았다가 학생이 문 열림 버튼을 누르면 양쪽으로 벌렸다. 발표를 다 마치니 20분이 남아서 운동장 놀이터로 나갔다.

"배려를 배운 날이니까 어떻게 나가야 할까."

다른 반이 약 오를 수 있으니까 살금살금 가요.

우리는 살금살금 나갔다. 놀이터에서 나는 아이들의 엄명을 받아 가만히 앉아만 있었다. 시소에서 노는 모습을 한참 바라보다가 문득 놀라운 장면들을 목격했다. 아이들 사이에서 계속 "고마워"라는 말이 나왔다. 나는 휴대폰 메모장을 꺼내 관찰한 걸 기록했다.

은결이, 어려운 그물에 올라가는 친구를 잡아줌.

가은이, 시소에서 내릴 때 건너편에 탄 친구가 안 다치게 손으로 잡아줌.

수아, 친구가 시소 탈 수 있게 손으로 잡아줌.

재윤이, 친구랑 시소 타려고 앉았다가 다른 친구가 오자 '네가 먼저 타' 하고 내림.

바깥 놀이를 다 마치고 나는 학생들을 불러 모아 내가 적은 걸 읽어줬다. 오늘 배려에 대해 배웠는데 공부한 걸 아주 잘 실천했다고, 이건 엄청나게 멋진 일이라고 엄지를 들어 보였다.

—내가 시소를 잡아줬나? 기억이 안 나는데.
—내가 친구한테 양보를 했나? 나도 기억이 안 나는데.

두 사람이 고개를 갸웃거리면서 머리를 긁는다.
"맞아, 내가 봤어. 보고 다 적었잖아. 너무 멋있었어."
모두 복도를 다시 살금살금 걸어서 교실로 돌아왔다.

일 년을 울고 웃게 될 교실에서

 올해는 2학년 담임을 맡게 되었다. 오늘 1학년 묶음수업을 연달아 두 반을 하고 나서 학년 배정 결과를 들었더니 앞날이 다소 깜깜하다. 나는 저학년에게는 통합교과 교과전담 교사였으므로 만나면 주로 노래하고 춤추고 놀이를 했다. 교과가 '즐거운 생활'인데 안 즐거울 수는 없지. 한 선생님은 그런 내 모습을 떠올리고 걱정이라고 했다. 1학년을 수년째 맡고 계신 저학년 베테랑 선생님이었다.
 "그렇게 하면 난리 나요, 선생님. 처음에는 무게를 잡으세요."
 그 말씀이 맞다. 일주일에 두세 번씩 만나서 바른 생활, 슬기로운 생활, 즐거운 생활을 가르치던 때랑은 달라야겠다. 그렇게 만나면 나는 두 달도 못 가 쓰러질 것이다. 그런데 무게를 잡아도 아이들이 내 정체를 다 알고 있어서 걱정이다.

1년을 함께 보낼 교실로 향한다. 학교 교실은 어쩜 이렇게 낡고 못생겼을까. 시트지가 조금씩 벗겨진 책장들이 높이도 폭도 제각각인 채로 나란히 서 있다. 전선들은 먼지 낀 마룻바닥에 아무렇게나 뒤엉켜 널브러져 있는데, 하나하나 추적해보면 다 나름의 정체와 쓸모가 있었고 선의 길이가 제각각이라 합쳐서 한 길을 낼 수도 없었다. 정리하고 닦는 것으로 절대 해결되지 않을 난잡함이다. 예전에는 화가 났던 것 같은데 요즘은 슬프다는 생각이 든다.

가구라도 높이와 폭을 맞춰 재배치해보기로 한다. 책상과 책장을 끌기도 하고 들기도 하면서 옮긴다. 낡고 오래된 책장 여러 개를 교실 뒤편으로, 다시 옆으로 빼본다. 어떻게 해도 자리를 찾기 어려운 책장들은 사물함 위로 올렸다. 책을 꽂으면 학생들의 키와 높이가 딱 맞기 때문에 독서교육에는 유리한 배치일 수도 있겠다.

아마도 수년 전에 텔레비전을 올려두었을 아주 오래되고 흉물스러운 커다란 수납장(역시 모서리마다 시트지가 벗겨져 있다)도 그나마 더 어울리는 자리를 찾아 옮긴다. 교사 책상을 조금 더 앞으로 당겨 구석으로 밀어넣었더니 교실이 좀 더 넓어 보인다.

한자리에 오래 있었을 가구들을 들어내니 먼지 뭉치, 구겨진 종이, 연필과 지우개, 구부러진 숟가락 같은 게 나왔다. 놀이 공간을 마련하려고 책상을 복도 창가 쪽으로 밀어서 운동장 창가를 비워봤다가, 오손도손 놀기에는 창가보다는 복도 쪽이 낫겠다 싶어서 다시 책상을 반대로 옮긴다. 창가에서는 나란히 서서 풍경을 바라볼 일이 더 많을 것이다. 식물을 키우며 관찰하기도 좋을 테고.

교실 한구석에는 그림을 그리거나 종이접기 등을 할 수 있는 작은 공간이 필요한데 남는 책상이 없다. 수레를 구해 학교를 한 바퀴 돌았더니 버려진 책상과 의자들이 있었다. 하나씩 실어 옮긴다. 교과연구실과 빈 교실을 돌아다니며 버려진 것이 분명한 바구니들도 열심히 주웠다. 다 쓸모가 있을 것이다.

작년에 2학년 담임을 맡은 선생님이 아이들 놀잇감을 잔뜩 기증해주었다. 이제 4학년을 맡아 필요가 없을 것 같다고, 본인도 작년에 교실에 있던 것을 그대로 물려받은 거라고 했다. 나는 다시 수레를 끌고 아래층으로 내려갔다. 한 번에 옮길 수가 없어서 세 번에 걸쳐 짐을 날랐다.

책장과 수납장에 놀잇감을 진열하고, 주워 온 바구니들에는 이면지와 자투리 종이를 담아서 올려놓았다. 가위와 풀, 색종이, 도화지를 좀 더 가져다 두면 되겠다. 행정실과 학습자료실에 차례로 들러 클립, 압정, 자석, 글루건, 스테이플러, 파일 정리함을 챙겼다. 색종이와 도화지도 넉넉히 가지고 왔다.

하루 종일 쉬지 않고 움직였는데 아직도 교실은 정리가 다 안 되었다. 그래도 처음보다는 훨씬 낫다. 1년을 여기서 많이 웃게 될 것이다. 분통이 터지거나 슬픈 날도 있 겠지. 업무에 치여서 아이들과 눈도 제대로 못 맞췄다고 한탄하는 날도 있을 것이다. 그러다가 다시 마음을 다잡고 심기일전할 곳도 바로 여기일 것이다.

나로서는 최선을 다한 하루였다. 정부도 학생들에게 좀 더 최선을 다해주면 좋겠다. 낡고 오래된 가구는 따뜻하고 화사한 가구로 교체하면 좋겠고, 저학년 교실마다 기본적으로 놀이와 발달에 필요한 교구들이 비치되어 교사들이 조금이나마 가볍게 한 해를 시작할 수 있다면 좋겠다. 포장이사 업체를 불러서 새 교실에 짐을 푸는 교사들도 적지 않다. 학교는 공공의 공간인데 어째서 교사들은 교육에 필요한 물품을 사적으로 확보하고 관리하며 해마다 짐을 싸서 움직여야 하는지. 2월마다 교실을 옮겨 다니는 그 엄청난 짐들을 볼 때마다 숙연해진다. 공공성이 취약한 사회에서 각자도생하느라 모두 분투하고 있다. 학교도 마찬가지다.

나는 짐은 별로 없는 축에 속한다. 그냥 학교를 돌아다니며 주인 없고 버려진 물건들을 주워다 쓴다. 그래서 좋으냐 하면 아니다. 학교라는 공간이 살뜰히 관리되고 저마다 깔끔하고 아름답게 자기 쓰임을 가지고 있었더라면 애초에 안 해도 될 일이니까. 학교가 조금만 더, 배우고 가르치는 일에 충실할 수 있는 공간이면 좋겠는데. 이게 이렇게 안 될 욕심인가.

첫날

얼굴도 다 알고 이름도 다 안다. 대체 왜 떨리는지 모를 일이다. 새로운 시작이라 그런 걸까. 첫 출발을 잘해야 한다는 부담감일 수도 있다. 긴장하는 게 무조건 나쁜 건 아니다. 자세를 바르게 고쳐 앉은 학생들의 얼굴빛을 보니 통합교과로 잠깐 만나던 1학년 때와는 사뭇 다르다. 아이들도 긴장한 것이다.

두시와 세시가 우리 반이 되었다. 두시는 교실에 들어온 나를 보고 눈이 동그래져서 얼음이 되었다.

선생님이 진짜 우리 반 담임선생님이에요? 선생님 진짜 여기서 있을 거예요? 다른 데로 안 갈 거예요?

같은 질문을 하고 또 했다.

세시는 옛날처럼 교실을 돌아다니지 않았다. 눈동자가 완전히 나를 향해 있었고 가끔 눈이 마주치면 완벽한 초

승달 웃음을 지었다. 세시 덕분에 나는 눈으로도 말을 할 수 있다는 걸 확실히 깨달았다. 세시가 계속 나에게 눈으로 말을 걸고 있었기 때문이다. 선생님이 내 담임선생님이라서 너무 좋다고.

따봉샘!!!

아이들이 먼저 이렇게 불러주었기 때문에 나는 이름을 말할 필요도, 내 소개를 따로 할 필요도 없었다. 다만 이제 잠깐 만나는 교과 선생님이 아니고 교실에서 함께 생활하는 담임이기 때문에 내가 아이들을 흥분시켜서는 안 된다고 굳게 다짐한 바 있다. 속으로는 한 사람 한 사람이 너무 사랑스럽고 귀하고 예쁘고 반가워서 어쩔 줄 몰랐지만, 겉으로는 침착함을 유지했다. 목소리를 한 톤 낮추고 천천히 말했다. 말하는 사이사이 잠깐 멈추고 학생들을 둘러보았다.

"나는 다정하고 친절한 선생님이 되기 위해 노력할 겁니다. 하지만 다른 사람을 슬프게 하고 아프게 하는 행동에 대해서는 절대 친절하지 않을 겁니다."

내가 한 글자 한 글자 힘주어 말했을 때, 어디선가 "선생님 무섭다!" 하는 소리가 들렸다. 본인들이 너무 사랑스러워서 나의 내면에 지금 댄스 파티가 열렸음은 모르는 것이다. 아니다. 어쩌면 알 수도 있다. 눈으로는 많은 걸 전할 수 있으니까. 목소리는 엄격했어도 내 눈빛은 거의 녹아내리고 있었을 것이다.

오늘은 말 차례 지키기와 경계 지키기에 대해 배웠다. 1년 동안 같이 지내려면 가장 중요한 것들이다. 학급 회장이 되었을 때 할 일을 정하고, 줄 서는 법도 배웠다. 학교에서 정해준 성별분리번호를 폐기하고 가나다로 학급번호를 다시 정해 한줄서기를 했다. 교실 오른쪽에서부터 서기, 왼쪽에서부터 서기, 앞에서 서기, 뒤에서 서기 등 자리를 바꾸면서 연습을 했다. 우준이가 일부러 느릿느릿 걸어 학급의 목표 달성(열을 세는 동안 줄을 다 서는 것이 목표였다)을 방해하다가 친구들의 성화에 행동을 수정했다. 나는 가만히 보기만 했다. 교사보다는 친구들 말이 더 무서운 아이가 있다. 그러고는 하교할 때 우준이에게 다가가 살짝 귓속말을 했다. 아까 진짜 잘했다고. 우준이는 급식으로 나온 빵을 가리키면서 "오늘 도너츠도 나왔네요?" 하고 괜히 딴소리를 했지만 나는 '선생님 고맙습니다. 앞으로 더 노력할게요'로 들었다.

내일은 오늘 배운 것을 연극 놀이를 해보면서 복습할 것이다. 말차례 지키기, 경계 지키기와 관련된 여러 가지 상황을 상상하면서 즉흥극 만들기를 할 것이다. 쉬는 시간에 놀이 공간에서 노는 법도 연극으로 배울 수 있다. "잠깐

만 비켜줄래", "나도 같이 해도 돼?"를 자연스럽게 익히는 것이 목표다. 시간이 남으면 줄을 잘 안 서거나 규칙을 안 지키는 친구에게는 어떻게 다가가야 할지도 상황극으로 고민해보면 재밌을 것이다.

규칙 놀이도 할 것이다. 책상과 의자를 한쪽으로 밀고, 신호에 따라 교실을 걷다 멈추기를 반복하는 간단한 놀이지만 규칙을 존중하지 않으면 절대 할 수 없다. 마지막 시간에는 준비물을 검사하고, 자기 물건에 이름을 쓰고, 화장실 가는 법, 쓰레기 버리는 법을 배울 것이다.

뭐 이런 건 차차 해도 된다. 중요한 건 서로 눈을 맞추는 일이다.

업무만 하다가 4시

올해 내가 맡은 학교 업무는 세 가지다. 기초학력 강사 채용 및 관리, 영어 교육, 교과서 관리.

수업이 끝나자마자 기초학력 강사 계약서를 출력해 교무실로 내려갔다. 강사와 계약서에 도장을 찍고 올라와 컴퓨터 앞에 앉았다. 강사를 채용했다는 공문을 작성하고 결재를 올려야 한다. 업무 포털에 접속했더니 담당 업무 공문 세 개가 내 앞으로 와 있다. 디지털교과서 공문, 저소득계층을 위한 영어 프로그램 수요자 조사 공문, 영어 캠프 신청 공문…. 대충 결재만 해서 넘기겠다고 다짐하며 열어 보는데 또 내용을 보면 필요한 학생들이 있을 것만 같아서 갈등이 된다.

하지만 나는 내일 수업을 준비해야 한다. 나에게는 1년간 가르쳐야 할 학생들이 있다. 나는 지자체나 서울시 교육청의 프로그램을 홍보하고 행정 업무를 해주는 인력이 아니다. 나는 한정된 자원이고 우선순위는 있어야 한다.

마음을 다잡고 디지털교과서 어쩌고는 날린다. 필요한 사람은 에듀넷에 접속하면 디지털교과서를 다운받을 수 있다고 담임교사들에게 안내하면 될 것이다.

다음으로 영어 프로그램 수요자 조사 공문. 공문에 기재된 교육청 담당자에게 전화를 한다. 이렇게 공문을 내려보내면 교사들이 반 학생들의 소득계층을 확인해서 신청 여부를 따로 물어야 하는데, 그런 과정의 번거로움에 대해 생각해보신 적이 있느냐고 물었다. 작년에 실시해서 반응이 좋았던 사업이란다. 지자체나 실시 주체의 입장에서는 성과가 있다고 생각하겠지만 학교에는 이런 온갖 프로그램이 공문으로 끝없이 쏟아진다. 학교 본연의 역할을 기준으로 보자면 사회적 비용이 너무 낭비되는 것이다. 이런 관점에서 생각해본 적 있느냐고 물었다. 담당자는 난감해하며 사업을 하면서 이런 전화는 처음 받아본다고 한다.

"교사들이 하라고 하면 또 그냥 하니까요. 근데 그거, 내일 수업 준비와 학생들을 위해 해야 할 일들을 제쳐두고 하는 거예요. 학교는 학교 본연의 교육 활동이 있는 공간이잖아요. 학교를 통하지 않고 이런 사업의 신청자를 모집할 방법은 정말 없는 걸까요."

앞으로 그런 부분을 신경 써서 다시 생각해보겠다는 답변을 받았다. 수요 조사 결과는 (번거로운) 공문 대신 메일로 보내기로 했다. 선생님들에게는 전체메시지로 저소득층 학생 중에 영어 프로그램에 관심이 있는 사람이 있는지 알아보고 이름과 연락처를 나에게 메시지로 보내 달라고 했다.

다음은 영어 캠프. 5, 6학년이 대상이다. 공문에 나온 가정통신문 예시를 그대로 긁어서 학교 홈페이지에 게시했다. 5, 6학년 영어 교과 담당 선생님께도 그대로 긁어서 메시지를 보낸다. 이런 캠프가 있으니 관심 있으면 홈페이지를 찾아보라고 학생들에게 전달해 달라고 덧붙인다. 영어 캠프 신청 공문은 중요한 내용을 간추려 학교 홈페이지에 게시하고 각 반 담임교사에게 메신저로 알려드리는 선에서 간단히 처리했다.

내가 할 수 있는 최대 한도로 업무를 경감했다고는 하지만 사실 공문을 읽고 내용을 파악하는 데까지도 시간이 오래 걸렸다. 이제는 정말로 내일의 수업 준비를 하고 오늘의 수업도 기록하고 싶다. 아, 기초학력 강사 채용 결과 공문을 써서 결재를 올려야 하는구나.

벌써 오후 4시다.

아침의 교실

학교 근처에 살아서 좋은 점은 동네를 오가는 길에 우연히 학생들과 마주칠 수 있다는 것이다. 어제는 엉덩이까지 내려온 책가방을 메고 머리를 산발한 채 힘없이 걷는 지원이를 보았다. 털레털레 걸어가는 모습이 인생의 무거운 짐을 혼자 다 진 사람 같았다. 학교에서는 밝고 활기차고 모든 일에 열정적인 지원이에게 저런 모습이 있다니. 엄마가 선행학습을 시켜서 힘들다고 했는데, 아마도 가기 싫은 학원을 억지로 가는 길인가 보다. 나보다 더 높은 곳에 사는 나연이는 비탈길에서 종종 만난다. 높은 경사로의 초입에서 엄마랑 둘이 힘을 내 걷고 있는 뒷모습을 볼 때가 많다. 이름을 부르고 인사를 나눌 때도 있고, 말없이 거리를 두고 뒷모습을 응원하듯 바라보며 걸을 때도 있다. 가끔 저녁 장을 보러 나갔다가 동네에서 노느라 여념이 없는 학생들을 만나기도 한다.

학교 밖의 아이들을 보면 왠지 모르게 마음이 애틋해

진다. 학교에서 보지 못한 표정을 발견할 때가 있어서 그런가. 그렇게 자연스럽게 있는 모습은 학교에서 약간 긴장하며 나름의 사회생활을 할 때와는 조금 다른 것 같다. 나도 그럴 것이다. 다들 애를 쓰고 있다. 대견하고 안쓰럽고, 마음이 짠해진다.

오늘 아침에는 평소보다 5분 늦게 집을 나섰더니 평소 출근길에 못 보던 얼굴들을 많이 만났다. 우리 반 수아와 가은이가 손을 잡고 같이 걸어가다가 멀리서 나를 보고 우다다 뛰어왔다. 수아는 가은이와 나 사이에서 내 손을 잡고 걸었다. 손에 땀이 나는데도 놓지 않았다. 교실에 도착한 수아는 친구들이 들어올 때마다 아침에 선생님을 만나서 같이 왔다고, 아무도 묻지 않은 이야기를 하고 또 했다.

아침에 학생들은 책가방을 내려놓지도 않고 내 곁으로 다가와 각자의 가정사를 느닷없이 발설한다. 큰아빠 목 뒤에 고름이 생겼어요, 우리 아빠는 밥을 너무 짭짭 소리를 내면서 먹어요, 저희 엄마가 충치 때문에 치과에 갔는데 돈이 삼십만 원 들었어요, 우리 엄마는 마흔한 살이에요…. 퀴즈도 낸다. 우리 외할머니가 왼손잡이게요 오른손잡이게요.

이든이는 아침에 등교하자마자 10초에 한 번씩 "선생님"을 부른다. 대답을 안 하면 안 그래도 큰 눈이 더 커지면서 금방 눈물이 쏟아질 것 같은 표정이 되기 때문에, 나는 아무리 바빠도 고개를 돌려 대답을 할 수밖에 없다. 막상 들어보면 별일 아니다.

—선생님, 저 오늘 아침에 콘푸레이크 먹었어요. (그래 맛있었겠다.)
—선생님, 가방에 이거 있어요. (궁금하지 않다.)
—선생님, 저 연필 깎아야 돼요. (그냥 깎으면 될 것을.)
—선생님, 칠판에 쓴 게 오늘 시간표예요? (나는 매일 그렇게 하고 있다.)
—선생님, 저 알림장 가져왔어요. (아 어쩌란 말인가.)

그래도 많이 나아진 것이다. 처음엔 3초에 한 번이었다(과장이 아니다). 간격이 그나마 좀 벌어진 것은 새 학년이 되었다는 긴장과 불안이 그래도 많이 누그러져서일 것이다.

전혀 궁금하지 않았던 각 집안의 대소사를 듣고 아이들 질문에 답을 하고 있으면 20분이 금방 흐르고 9시가 된다. 저학년은 교과전담 수업이 거의 없어 이제부터 1시까지 쉼없이 달려야 한다. 국어 공부도 하고, 수학 공부도 하고, 중간에 노래도 부르고 운동장에서 산책도 하고 달리기도 하고 줄넘기도 한다.

요즘은 자주 다짐을 하게 된다. 다정한 교사가 되기 위해서는 체력을 길러야 한다고. 많이 먹고 잘 자야 한다.

모두 16명

한 달간 지켜보니 아이들이 남자와 여자로 홍해처럼 갈라져서 논다. 21세기 아이들이 이렇게 남녀칠세부동석 할 일인가. 사회와 미디어의 영향이 크겠으나 학교도 공범이다.

지난해 1학년 선생님이 학생들을 줄기차게 성별로 구별하여 학급을 운영했다는 사실이 속속 밝혀지고 있다. 공책이나 반티, 초콜릿 같은 간식을 줄 때도 여자와 남자를 반드시 구별해서 나눠주었다고 한다. 당연히 여자는 핑크색 남자는 파란색이었을 것이고, 줄은 남자 한 줄 여자 한 줄로 섰을 것이다.

학교에는 집착적으로 학생들을 성별로 '분류'하는 관습이 있는데, 그것이 학생들에게 미칠 영향에 대해 진지하게 고민하는 교사는 별로 없다. 어제는 남학생과 여학생의 숫자를 따로 적게 되어 있는 학급안내판 양식을 받았다. 나는 '남학생 0명, 여학생 0명'을 지우고 '모두 16명'이라고 썼다. 나는 우리 반이 자신의 성별을 매 순간 의식하고 친구를 성별로 구별하며 생활하지 않기를 바란다. 성별로 자신과 타인을 판단하고 제한하지 않기를 바란다.

색테이프로 교실 뒤편 바닥에 사방치기를 만들었다. 커다랗게 하나 만들어두었더니 놀고 싶은 아이들이 모여들어 자연스럽게 여학생 남학생이 어울리게 되었다. 수업 시간에는 교실을 돌아다니며 친구를 만나는 활동을 한다. 둘씩 만나서 서로 질문하고 답하고, 서로의 작품을 보여주고 설명한다. 만난 사람은 또 만날 수 없다는 규칙과 함께 5분 이상의 충분한 시간을 주면 모두가 모두를 만날 수밖에 없다. 처음에는 같은 성별끼리만 만나려고 하더니 점차 구분 없이 자연스럽게 만나는 모습이 보인다.

점차 나아지겠지. 뭐든 시간이 필요한 법이다.

외톨이

나연이는 쉬는 시간에 항상 혼자 책을 읽는다. 언젠가 내가 아이들 노는 소리로 꽉 찬 쉬는 시간에 책을 읽는 나연이 곁에 다가가 말을 걸었다.

"책이 정말 좋은가 봐. 쉬는 시간에도 책을 읽네?"

나연이는 네, 하고 대답하고는 잠시 후에 덧붙였다.

그런데 저는 외톨이예요. 여섯 살 때부터 원래 외톨이였어요.

"외롭겠네"라고 내가 대답하자, 나연이는 책에 눈을 고정한 채 괜찮다고 했다. 내가 사방치기를 하는 아이들을 가리키며 "저거 같이 해보면 어때? 재밌어 보이던데" 하자 고개를 저으며 말했다.

저는 다른 친구랑 같이 있으면 불편해요. 어색하고. 좀 뭔가 이상한 느낌이 들어요.

"그렇구나. 나도 그럴 때가 있어."
그렇게 일단은 물러났다.

쉬는 시간에 아이들은 노느라 바쁘고 나는 자잘한 업무를 해치우느라 바쁘다. 틈틈이 혼자 책을 읽는 나연이를 볼 때마다 속으로 생각했다. 나연이도 나름대로 자기 시간을 즐기고 있는 걸 거야. 하지만 "저는 외톨이에요"라는 말이 계속 떠올라 나 편할 대로만 생각할 수는 없었다. 나는 하던 일을 멈추고 공깃돌이 가득 담긴 통을 들고 나연이에게 가서 같이 공기놀이를 하자고 꼬셨다. 나연이는 조금 관심을 보이는 듯하더니 "저는 공기 안 하고 그냥 책 읽고 싶어요." 하고 다시 자리로 돌아갔다.

활발한 아이들 몇몇에게 나연이한테 같이 놀자고 말해 보라고 부탁하기도 했지만 "저희도 나연이랑 놀고 싶은데 나연이가 싫어하는 것 같아요"라며 난처한 표정을 짓거나, "저희는 저희끼리 해야 하는 일이 있어서 안 돼요" 하고 단호히 거절했다.

그래서 나는 고학년에게는 매우 신중히 써야 하지만 저학년이라면 통할지 모르는 작전을 써보기로 했다. 수업 시간마다 나연이의 이름을 불렀다. 나연이의 사소한 행동 하나하나를 포착해서 칭찬하고 대단하다고 치켜세웠다.

"와, 나연이는 진짜 박수 받아야 된다. 모두 박수 쳐주세요!"

쉬는 시간이면 나연이에게 슬쩍 다가가 말을 걸었다.

"우와, 그렇게도 할 수 있구나. 난 그 생각은 못했는데."

"우와, 그 책 재밌는데."

나연이는 처음엔 좀 귀찮아하는 듯했지만 점점 말이 많아지더니 이제는 쉬는 시간이 되면 나에게 먼저 말을 걸어오기도 했다.

그리고 오늘, 나연이가 쉬는 시간에 놀이 매트 위에서 블록을 쌓고 노는 아이들 사이에 앉아 있었다. 나연이는 블록을 아주 높이, 자기 앉은키만큼 쌓고 있었다. 나는 하던 일을 멈추고 당장 달려갔다.

"우와! 이거 뭐야. 이거 롯데타워 아냐? 완전 높아! 어떻게 이렇게 쌓았어? 이거 손 놓아도 안 무너져?"

내 호들갑에 주변에서 놀던 아이들이 몰려와 한마디씩 거들었다.

—진짜 높다.
—와, 저거 피사의 사탑이네.
—나도 저렇게 쌓아본 적 있어!

자기가 만든 게 훨씬 멋지지 않냐는 표정을 짓는 아이들도 있다.

―근데 저는 미끄럼틀 만들었어요!

―선생님 이거 보세요. 이건 그네예요!

"그래 그래, 그것도 진짜 멋지다!"

나는 그네를 한번 밀어보고, 미끄럼틀을 손가락으로 타보는 시늉을 하고는 다시 나연이에게 주의를 돌린다. 지금은 나연이가 친구들의 관심을 흠뻑 받게 할 때이다.

"우와. 진짜 높아. 손 한번 놔봐. 쓰러지나 궁금해."

나연이는 조심조심 블록을 놓았다. 탑은 조금 버티는 듯하더니 바로 쓰러졌다.

우리 같이 다시 만들자!

은지였다.

그래! 좋아.

나연이가 웃으며 대답한다. 그러고는 친구들과 함께 탑을 만들기 시작했다. 나는 조용히 내 자리로 왔다.

나연이는 오늘 하교하면서 꽃 그림이 그려진 작은 종이를 나에게 선물로 주고 갔다. 자기가 직접 그린 것이라고 했다.

작은 것을 붙들기

학교에 오면 퇴근할 때까지 한순간도 쉬지 않는데 언제나 시간이 부족하다. 잡다한 업무를 하고 교실을 좀 정리하면 퇴근 시간이 이미 지나 있다. 학생들을 사랑하는 교사라고 육체적, 정신적 자원이 무제한은 아니다. 퇴근 시간 이후는 자기 돌봄과 휴식을 위해 써야 한다. 잘 자고 좋은 컨디션을 유지하는 것은 중요한 직업적 의무이자, 정년까지 교직을 지속하기 위한 필수조건이다. 나는 오래오래 교사 일을 하고 싶다. 요즘 나는 퇴근 시간이 되면 모든 것을 멈추고 자리에서 일어난다. 그런데 최근 며칠간은 뭔가 서운하고 허전하고, 심지어는 어떤 그리움 같은 게 느껴지기까지 했다.

수업이구나.

오늘 아침 눈을 뜨며 문득 깨달았다. 그리고 결심했다. 한 차시의 수업을 정성스럽게 준비하는 일을 최우선으로 두어야겠다고.

학교에 출근해서 밀려드는 일을 되는 대로 해치우다 보면 수업을 준비할 시간을 확보하기 어렵다. 이제 교실이 조금 더럽더라도 눈을 가늘게 뜨기로 했다. 글쓰기 검사가 밀렸어도, 학급 재량 활동이나 학생, 보호자 상담 등을 잠시 미루고서라도 당분간은 수업을 우선하기로 정했다.

오늘 아침은 평소보다 일찍 출근해 국어 수업을 준비했다. 주제는 '소리가 비슷한 낱말'이다. 조용히 가르칠 내용을 음미하는 중에 업무 관련 메시지 알림이 떴다. 열어보지 않았다.

수업 시간에 다룰 단어들을 고른다. 아는 단어지만 막상 뜻을 설명하려니 어려워서 사전을 찾아 메모해둔다. 어떤 부분이 아이들에게 어려울지, 어떤 부분이 흥미로울지 생각해본다. 판서 계획도 세우고 익힌 단어를 활용해 활발하게 상호작용을 할 수 있는 단순한 놀이도 구상한다.

쉬는 시간에 아이들이 노는 소리를 들으며 칠판에 오늘 배울 단어를 미리 적어두었다. 그리고 수업이 시작되자 열 칸 공책만 책상에 꺼내게 했다. 오늘은 교과서가 필요 없는 수업이다. 이런 수업은 아이들과 눈을 많이 맞출 수 있어서 좋다. 나는 아이들의 얼굴을 천천히 고루고루 바라보며 말한다.

"제가 설명하는 단어를 칠판에서 골라 공책에 써보세요!"

아이들은 연필을 꼭 붙잡고 나를 바라본다. 나는 천천히 또박또박 미리 메모해둔 단어의 풀이를 읽는다. 칠판에 정답을 동그라미로 표시할 때마다 교실이 환호로 가득 찬다. 틀린 학생들은 잠깐 실망했다가 다음 문제를 위해 자세를 다잡는다.

모든 단어를 공부한 후에는 다 같이 큰 소리로 읽어본다. 단어를 활용한 예시 문장도 돌아가면서 만들어본다. 어느 정도 단어를 익힌 후에 후에 게임을 시작한다. 내가 놀이시간에 직접 만든 종이 파리채를 보여주면서 "남은 시간은 게임을 하겠습니다" 하니 아이들이 "우아", "최고"를 연발하며 엄지를 치켜든다. 아휴 참. 이게 뭐라고.

두 팀으로 나누어 칠판을 바라보게 놓인 의자 두 개에 한 사람씩 차례대로 앉는다. 내가 칠판에 있는 단어가 포함된 문장을 들려주면 일어나서 종이 파리채로 잽싸게 먼저 단어를 친 사람이 점수를 딴다.

재밌어요!

동우가 재밌다는 말을 하고 또 한다. 수업이 끝나고 점심 시간이 되었는데 모두 한 판만 더 하자고 한다.
"이제 밥 먹어야지!"

아니에요! 한 판만 더 해요. 제발요!

끝종이 쳐도 수업을 더 하자는 아이들을 보며 내가 느낀 그리움의 실체를 분명히 깨달았다.

수업에 공을 들이겠다는 말은, 화려한 자료를 만들고 품이 많이 드는 수업을 준비하겠다는 뜻은 아니다. 가르칠 내용을 내가 먼저 공부하고, 음미하고, 학생들과 대화를 주고받을 수업의 장면을 차분히 상상하고 그려보는 시간을 더 많이 갖겠다는 말이다.

나는 수업을 붙들 것이다. 수업 중에서도 아주 작은 것들을 귀하게 준비할 것이다. 수업의 작은 활동들, 발문과 대화들을.

오늘의 학교가 마음에 들었다

어제 공들여 준비했던 수업이 아이의 일기에 기록되었다. '게임하는 게 좋아'라는 제목의 글이다.

오늘의 학교가 마음에 들었다고….

어떻게 이런 문장을 쓸까.

좋아서 자꾸 곱씹어보게 된다.

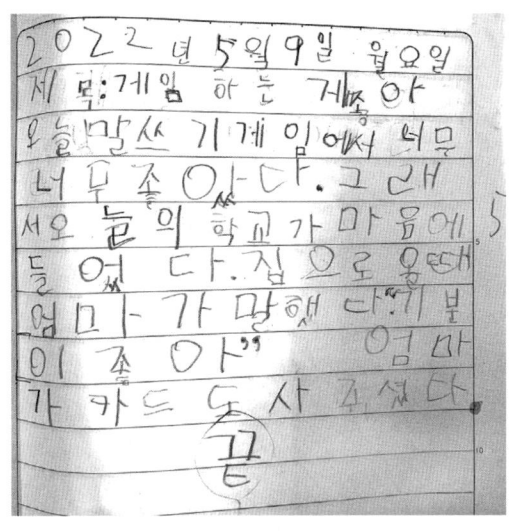

2022년 5월 9일 월요일
제목:게임 하는 게좋아
오늘 말쓰기 게임에서 너무 너무 좋았다. 그래서 오늘의 학교가 마음에 들었다. 집으로 올때 엄마가 말했다."기분이 좋아" 엄마가 카드도 사 주셨다.
끝

달팽이

 간밤에 잠을 푹 못 자서 영 피곤한 아침, 양상추를 씻는데 아주 작은 민달팽이가 있었다. 어제 저녁 냉장고에 넣어두었는데 냉장고 속 추위를 견디고 살아남은 것이다. 가만히 들여다보니 더듬이 두 개가 위로 천천히 삐져 나온다. 작은 용기를 하나 꺼내 양상추를 안에 넣고 뚜껑에 공기가 통하도록 칼집을 내어 꼭 닫았다. 그리고 가방에 넣었다. 아이들이 얼마나 좋아할까 생각하니, 창문을 열고 음악을 틀고 세수를 해도 흐릿하던 정신이 또렷해진다.

 교실에 들어서니 먼저 와 있던 학생들이 반갑게 인사를 한다. 다들 등교하고 나면 꺼내려고 했는데 입이 근질근질해서 결국 "선생님이 뭐 보여줄까?" 하고 씩 웃고 말았다. 예닐곱 명의 학생들이 내 주변으로 자석처럼 착 붙었다. 나는 '정말 깜짝 놀랄걸' 하는 표정으로 의기양양하게 가방 지퍼를 열었다. 그리고 작은 플라스틱 뚜껑을 들어 올렸다.

―이게 뭐예요?

―양상추예요?

실망한 듯한 아이들의 표정에 난 더 의기양양해진다. 한참 양상추를 쳐다보던 아이들 중 한 명이 뭐가 움직인다고 소리쳤다. 나는 웃으며 말했다.

"자세히 봐봐. 달팽이야."

근데 왜 집이 없어요?

"응, 이건 민달팽이야. 집이 없는 달팽이."

―우아. 너무 귀엽다.

―우아. 더듬이가 나왔어.

―우아. 진짜 신기하다.

―우아 우아 우아….

교실이 우아로 가득 찼다.

선생님 우리 이거 교실에서 키우면 안 돼요?

왜 안 되겠어. 그러려고 가져왔지! 좋아할 줄은 알았지만 이렇게까지 뜨거운 반응일 줄은 몰랐다. 그중에서도 우준이가 가장 애착을 보였다. 교과전담 시간에도, 학년 통합 체육 시간에도 우준이는 계속 지적을 받는다. 지적받을 행동을 멈추지 않는다. 내 수업 시간에도 그렇다. 나는 우리 반 나머지 학생들과는 우준이를 어떻게 바라보고 도와줘야 할지 이야기를 나눴고, 우준이에게는 네가 다른 선생님한테 혼나는 걸 보면 너무 속상하다고, 네가 안 혼났으면 좋겠다고 말했다. 우준이를 보면 분명 그 안에 노력하는 마음이 있다. 그런데 본인도 뜻대로 안 되는 것 같다. 친구들은 계속 불편하다고, 하지 말라고, 좋게 이야기도 해보고 때로 짜증도 낸다. 그럴 때마다 나는 우준이의 눈빛이 좀 슬퍼진다고 생각한다. 그런 우준이의 눈이 달팽이를 향해 꿈쩍도 않고 고정된 채 빛나고 있다.

> 나는 달팽이가 너무 좋아. 나는 진짜 이 달팽이 키우고 싶어. 달팽이 진짜 귀엽다.

우준이가 계속 혼자 감탄했다. 달팽이가 가장 잘 보이는 자리를 차지하려고 유현이와 어깨로 힘겨루기를 하는 게 보인다. 유현이는 바짝 힘을 주며 너 왜 그래, 나 왜 밀어, 선생님 우준이가 계속 저 밀어요, 한다. 나는 한 사람은 바닥에 앉고 한 사람은 서면 어떻겠냐고 말했지만 두 사람은 계속 서로를 밀고 버티며 달팽이를 바라보았다.

이름 지어줬어요?

"아직."

이름 지어줘요!

"좋아. 뭘로 할까."

민달이요!!

 나라면 며칠 고민했을 이름을 아이들은 쉽게 짓는다. 한 아이가 잽싸게 자투리 종이를 하나 집어 '민달이 집'이라고 쓴다.

집이 너무 작은 것 같아요. 페트병에 만들어주면 좋은데.

 페트병! 페트병이라면 내가 어제 주워 온 게 좀 있다! 나도 잽싸게 움직여 페트병 하나를 가져와 밑동을 자른다. 칼질하는 나를 경이롭다는 눈으로 바라보는 아이들. 둘러보니 이제 대부분 등교한 시간이라 사람이 많아졌다. 달팽이 집 지붕으로 쓰겠다며 페트병 입구 부분도 바짝 잘라달라고 한다.
 쉬는 시간마다 학생들은 달팽이 집으로 달려와 페트

병 뚜껑을 열었다. 환기를 시켜주는 거라고 했다. 나는 민달이가 집을 나가면 큰일이니 꼭 잊지 말고 뚜껑을 닫아야 한다고 당부, 또 당부했다.

부디 민달이가 오래오래 건강하기를.

올해만큼은

 스승의 날은 좀 피곤한 구석이 있다. 해마다 아이들은 뭔가를 준비하며 자신들이 생각해낸 게 아주 새롭고 대단한 것이라고 믿어 의심치 않는다. 그럴 리가. 전형적인 패턴이 해마다 반복된다.

 일단 출근하면 복도에서 내가 나타나기를 기다리는 아이들이 있다. 그중에는 선생님을 깜짝 놀래킨다는 스릴을 감당하지 못해 이미 들썩거리는 몸으로 키득거리며 웃다 자지러지는 아이가 꼭 있고, 복도에서 망을 보다가 교실을 향해 "선생님 오신다아!!!!" 하고 소리를 지르며 달려가는 아이가 있으며(당연히 내게도 들린다. 왜 나는 못 들을 거라고 생각하는 거지), 내 팔짱을 끼거나 손을 잡고 "선생님 깜짝 놀라실 거예요", "울지 마세요"(이건 주로 고학년의 멘트인데 울지 않으면 안 될 것 같은 부담감이 든다) 하며 서프라이즈가 되지 못하게 미리 발설해버리는 아이들이 있다.

 그러면 이제 나는 무엇을 해야겠는가. 깜짝 놀라기 노

동, 기뻐하기 노동을 해야 한다. 깜짝 놀랄 수는 없지만 기쁘지 않다는 것은 절대 아니다. 분명 기쁘다. 솔직히 황송하기 그지없다. 아무리 서툴러도 아이들의 마음은 고스란히 전달된다. 하지만 혼자 조용히 기뻐하고 음미할 수가 없어서 고되다. 내가 얼마나 기뻐할지, 기대 가득한 눈으로 다들 나만 쳐다보고 있으니 영혼을 다해 리액션을 해야 한다. 그리고 어수선해진 교실 분위기를 다시 수습하여 오늘의 수업을 시작해야 하는 것도 나의 몫이다.

올해는 스승의 날이 일요일이라서 잘되었다 했는데, 이틀 전인 오늘 아침 출근길에 우리 반 아이들이 1층까지 마중 나와 있는 걸 보고 슬픈 예감이 들었다. 금요일이라 나의 에너지 상태는 그리 높지 못했고 나는 작게 한숨을 쉬며 각오를 다졌다. 그리고 교실에 들어섰다가 정말 빵 터져버렸다. 아이들이 모두 반티를 입고 티셔츠 앞에 편지를 인쇄해 붙여 온 것이다. 이름하여 몸편지? 옷편지? 이번 이벤트는 진짜 새로웠다. 문구들은 이랬다.

　―최고현희 선생님을 만난 건 가장 큰 행운이에요.
　―최고현희 선생님이 계셔서 행복해요. 존경합니다.
　―최고현희 선생님! 감사합니다! 사랑합니다!

옷을 앞으로 쭉 늘여 나에게 문구를 보여주는 아이들

의 모습이 너무 웃기고 귀여워서 나는 큰 웃음을 터뜨렸다가, 이내 이 수고를 한 건 결국 어른들이었겠구나 깨닫고 조금 침착해졌다.

더운 아침이었고, 종이를 계속 옷에 붙이고 있으면 활동이 자유롭지 못할 것 같아 이렇게 말했다.

"안 붙이고 억지로 부모님이 붙이라고 해서 붙인 사람도 있을 것 같아요. 마음을 다 전달받았으니까 이제 불편한 사람들은 떼어도 됩니다."

나는 선생님이 좋으니까 그냥 붙이고 있을래요.

수업 시간에 늘 준비가 안 되어 있고 딴짓을 해서 지적을 무수히 받는 이든이의 말이었다.

나도요! 나도 너무 좋아요.

말하는 도중에 끼어든다고 말차례 지키라고 나에게 하루에도 열두 번은 주의를 받는 동우의 말이었다.

여기저기서 '나도 안 뗄래. 나도 붙이고 있을 거야' 하는 소리가 들렸고, 먼저 부욱 종이를 떼어낸 세 사람 정도가 약간 머쓱해진 채로 "난 너무 더워가지고"라며 굳이 안 해도 될 부연 설명을 했다. 나는 종일 아이들 옷의 앞판과 뒤판에 쓰인 귀한 마음을 눈에 담으며 황송하고 고단하게 수업을 했다.

여전히 스승의 날이 그냥 없어지면 좋겠다고 생각한다. 적어도 5월 중순은 아니어야 한다. 학년 말 정도라면 편안하게 받아들일 수 있을 것이다. 그래, 내가 할 만큼 했지, 마음껏 감사하렴, 하고. 하지만 5월은 감사를 받기에는 좀 민망하다. 아직 덜 익은 시간 위에 감동을 짜내는 것도 고단한데(종업식 때는 그냥 가만히 있어도 눈물이 줄줄이다) 그렇다고 너무 조용히 지나가도 서운할 것 아닌가.

올해는 일단 잘 넘긴 것 같다. 솔직히 말하자면, 좀 감동이었다.

난장판 속의 기쁨

 평소에 학생들에게 사랑받은 이야기, 즐거운 교실 이야기를 많이 썼더니 교실이 마냥 평화롭고 행복할 거라고 오해하는 사람들이 있다. 그래서 이 글을 쓰기로 결심했다.

 초등학교 교실은 아름답지 않다. 솔직히 엉망진창이다. 어린이는 서툴고 한없이 자기중심적이며 조금이라도 공평하지 못한 일이 벌어지는 것 같으면 지구가 끝장이라도 난 것처럼 군다. 서로 자기 이야기만 하려고 들기 때문에 결국 아무 이야기도 하지 못하게 될 때가 많다.
 어른들 열여섯 명이 모인다고 아름다울 거라는 보장은 없지만, 적어도 이렇게 난장판은 아닐 것이다. 나는 가끔 귀가 떨어져 나갈 것 같은 소음 속에서, 매일 끊이지 않고 벌어지는 다툼과 아주 사소한 일에도 "선생님!"을 외치며 억울한 표정으로 달려오는 아이들 앞에서, 한 아이의 억울한 사정을 들으려고 노력하는 와중에 또 다시 선생님을 숨

넘어갈 듯 부르며 달려오는, 선생님이 친구의 이야기를 듣는 중인 것은 자기 알 바가 아니며 자신이 방금 겪은 일이 세상에서 가장 중요하고 긴급한 일임을 한치도 의심하지 않는 아이들을 보면서, 내가 앞으로 얼마나 더 이 일을 지속할 수 있을지를 셈해보곤 한다. 20년 후에도 이 많은 마음과 에너지들을 감당할 수 있을까. 문제는 단순히 에너지의 높고 낮은 차원에 있지만은 않다.

불안한 동우의 이야기를 해보자. 동우는 수업 시간에 같은 말을 하고 또 한다. 맨 뒷자리에 앉아 언제나 나에게 자기 공책을 펼쳐서 흔들며 "선생님 이거 맞아요?"라고 묻는다. 내가 그 안의 글자를 읽을 수 없을 만큼 먼 거리에 있다는 것은 헤아릴 여유가 없다. 자기가 맞게 썼는지 불안하고 걱정이 되어 거기까지는 생각을 못하는 것이다. 내가 당장 대답을 못하면 동우의 목소리는 더 커지고, 대답을 하려고 숨을 고르는 사이에도 "이거 맞아요? 이렇게 하는 거 맞아요?" 하고 질문을 멈추지 못한다. 수학을 좋아해서 수학 시간에는 계속 "이거 너무 재밌어요", "이거 너무 쉬워요"를 끊임없이 말하다 친구들의 빈축을 산다. "동우야, 너 때문에 내가 선생님 말을 못 듣겠어, 조금만 조용히 해주면 안 되니?" 정중하게 요청하는 친구도 있는가 하면, 참다 못해 "아 시끄러워, 쫌!" 하고 짜증을 내는 친구도 있다. 처음 해보는 낯선 활동에는 "이거 왜 해요", "안 하면 안 돼요"가 시작된다. 아무리 주의를 줘도 쏟아지는 동우의 말을 막을 수는 없다. "저 하기 싫어요", "아 이거 왜 하지", "진짜 안 하면 안 돼요?", "너무 어려워", "나 안 할래". 대꾸하는 사람이 없으면 점점 혼잣말로 변하는데 목소리가 꽤 큰 편이라 교실은 동우의 부정적인 감정으로 가득 차고, 나머지 학생들과 나는 그 영향에서 도망칠 방법이 없다.

항상 불행한 채연이의 이야기를 해보자. 채연이는 좀처럼 채워지지 않는 인정 욕구를 가지고 살아간다. 오늘 교실 놀이를 하는 내내 채연이는 몹시 불행했다. 놀이 초반에 민아의 종아리에서 딱지가 떨어지면서 피가 났고, 친구들이 민아를 도와주려고 휴지를 가져다주며 괜찮냐고 걱정을 했는데, 그 모습을 보면서 1학년 때 자신이 발목을 삐었을 땐 친구들이 그렇게 해주지 않았음을 떠올린 것이다. 채연이는 놀이 내내 인상을 썼고, 수업 내용에 잠깐 웃었다가도 다시 얼굴을 찌푸리고 불행하기를 선택했다. 앞사람 어깨를 잡고 걷는 대문놀이를 할 때 채연이는 친구가 자기 어깨를 세게 잡았다고 울음을 터뜨렸고, 문지기를 하고 싶은데 못했다고 또 한 번 온 힘을 다해 친구들을 노려보며 신경질을 부렸다.

채연이는 게임에서 지는 순간을 견디지 못한다. 국어 수업 놀이에서 상대팀 친구가 종이 파리채를 먼저 글자에 댔을 때 채연이의 세상은 무너져내렸다. 가위바위보에서

지면 상대방이 늦게 냈다고 주장하고 절대 굽히지 않았다. 아니라고 하면 무너진 세상을 두 어깨에 이고 발을 쿵쿵거리며 저만치 가서 눈물을 터뜨린다. 모두가 즐겁던 시간이 즉시 멈춰버린다. 이건 마음에 대한 일이므로 억지로 바로잡을 수 없다. 채연이가 자기 마음을 보살피는 법을 스스로 배울 때까지는.

친구와 사랑이 언제나 갈급한 지훈이의 이야기를 해보자. 지훈이는 언제나 재윤이와 승우 그리고 유현이를 쫓아다닌다. 이 셋은 생활 습관이 잘 형성된 자기 주도적인 학생으로, 운동신경도 좋은 편이라 반의 분위기를 주도하고 놀이 활동의 중심이 될 때가 많다. 셋은 자신들이 그렇다는 걸 어느 정도 알고 약간의 자부심과 서로에 대한 끈끈함을 가지고 있다. 수업 시간에 잘 못하는 친구들을 재촉하거나 은근히 무시하는 경향도 보인다. 지훈이는 이 세 사람과 어울리고 싶어 한다. 하지만 지훈이가 애타게 바랄수록 나머지 셋은 지훈이의 갈급함을 불편해하는 게 눈에 보였다. 그러면서도 지훈이는 자기보다 못났다고 생각되는 친구를 무시한다. 가위바위보를 이겨서 모두가 원하는 대문놀이 문지기로 당첨되었을 때는, 같이 당첨된 친구가 우준이라는 이유로 그냥 안 하고 싶다며 문지기를 포기해버렸다. 승우나 재윤이와 하고 싶다는 것이다. 우준이는 학습이 느려 선생님들에게 지적을 많이 받는 편이고 친구들에게도 인기가 없는 편이다. 그러니 우준이와는 친구가 될 수 없다고 생각하는 것이다. 정작 재윤이와 승우, 유현이는 자기를 끼워주지도 않는데 말이다. 지훈이의 그런 모습을 보면 나는 좀 슬퍼진다.

그러니까 아홉 살의 어린이들이 작은 교실에 모여 같이 노래하고 책을 읽고 공부를 한다는 게 보통 일이 아니다. 열여섯 인간의 작은 마음들이 뭉쳤다 흩어졌다, 부딪히고 부대끼는 교실 공간은 수월하고 평화로운 일터일 수 없다. 당연한 일이다. 나이가 적든 많든, 모두가 어려운 마음을 감당하며 산다. 몸이 힘들고 마음이 지칠 때는 아이들의 서툴고 미숙한 모습을 보는 게 지옥 같을 때가 있다. 내가 왜 이 지옥에 이렇게 던져져 있나, 나는 어쩌자고 이 직업을 선택했나 싶은 것이다. 그럴 때는 전국의 초등교사들의 안부가 궁금해진다. 다들 어떻게 하고 있습니까. 몸은, 마음은 괜찮으십니까.

하지만 그 난장 속에서도 꼭 웃음이 나는 일이 생긴다. 얼굴을 일그러뜨리며 웃음을 참게 되는 순간이 찾아온다. 작은 가르침이 큰 결과로 돌아오는 때가 있고 "난 내 직업이 정말 좋아" 하고 꿍얼거리게 되는 때가 있다. 그런 걸 건져 올려 글로 쓰는 것이다. 난장판 속에도 기쁨이 있다는 것을 분명히 하려는 것이다. 어떤 기쁨이었는지 아주 사소한 것이라도 기억하려는 것이다. 내가 쓰는 글들은 그렇게 쓰인다. 그러니 오해 없으시길 바란다.

그리고 전국의 초등학교 선생님들, 비타민과 물을 잘 챙겨 드십시오. 스트레칭 꼭 하시고.

우린 그냥 섞어서 서요

―남자 여자로 줄 서기 싫어요.
―우리 반은 그렇게 안 해요!
―선생님이 친구를 성별로 차별하지 말라고 했어요.

오늘 자전거 교육 외부강사가 세 분 왔는데 "남자 여자 한 줄씩 서세요."라고 했다가 우리 반의 거센 저항에 부딪혔다. 강사는 당황했겠지만 나는 익숙한 일이다. 내가 가르친 대로 다른 교사에게 당당히 의견을 밝히는 학생들은 학년에 상관없이 언제 어디서나 있었다(하지만 확실히 저학년이 당차다. 눈치를 안 본다. 아니 못 본다. 아직 눈치가 없다). 거기에 대응하는 못난 어른들의 여러 유형도 익히 봐서 알고 있다. 가장 흔하고 지겨운 레퍼토리는 "이건 차별이 아니라 구별이에요"라며 쓸데없이 근엄한 선언을 하는 것이다. 학생들의 말이 때로 일리가 있다는 것과 그 말을 통해 교사도 배울 수 있다는 걸 진지하게 고민해보지 않았기 때문일 거라고, 나는 생각한다. 어떤 말에도 근엄 페이스를 잃지 않는 교사들이 있다. 아이러니하게도 이럴 때 교사의 권위는 떨어진다.

나는 이 상황을 약간의 긴장과 호기심을 품고 지켜보았다. 자전거 강사님들은 다행히 '엄근진' 유형은 아니었고 그저 당황해서 말을 얼버무리셨다.

"그래? 이게 차별이라고… 음."

1교시부터 4교시까지 운동장에서 두발자전거 타는 법을 배우는 멀고 먼 여정의 시작이었다. (우리 반은 딱 한 사람을 빼고는 두발자전거를 탈 줄 몰랐다.) 이럴 때는 타협을 좀 해야 한다. 음. 내가 나서야겠군.

"오늘은 그냥 강사님 말씀에 따르자. 일단 얼른 줄을 서세요."

내가 타이르듯 말했다.

싫어요.

유현이가 단호한 목소리로 의사표현을 했다.
"시간이 없어. 그냥 오늘은 두 줄로 서자."
내가 한 번 더 간곡히 요청했다가 칼같이 반박당했다.

선생님이 남자 여자로 구별하지 말라고 했잖아요. 우리한테 그렇게 가르쳐주고 지금은 또 그냥 서라고 하면 어떡해요?

맞는 말이다. 내가 나서면 될 줄 알았더니 아니다. 내심 자랑스러운 마음을 숨기고 난처한 표정으로 서 있으니 다행스럽게도 강사님이 재빨리 노선을 바꾸었다.
"그래, 그럼 너희들은 평소에 줄을 어떻게 서?"

우리는 그냥 자연스럽게 남자 여자 상관 안 하고 다 섞어서 서요.

"그래, 그럼 그렇게 서봐요."
아이들이 요리조리 움직이며 줄을 다시 섰다.
안전모와 보호 장구를 대여했는데 큰 박스에 핑크색과 파란색, 빨간색 보호대가 섞여 있었다. 강사님은 여학생에게 무심코 핑크색을 내밀다가 멈췄다.
"아, 또 여학생한테 핑크색 주고 남학생한테 파란색 주면 차별이라고 하겠네."
우리는 아무 말도 안 했다. 어떤 기세에 강사님이 스스로 깨우친 것이다. 강사님은 건네려던 핑크색 보호대를 도로 상자에 집어넣고 "각자 원하는 색깔을 마음대로 골라 가세요"라고 말했다. 나는 얼른 핑크색 보호대를 하나 꺼내 재윤이의 팔꿈치에 채워줬다. 재윤이는 우리 반에서 남성성 수행이 가장 눈에 띄는 남학생이다. 터울이 큰 형의 영향일 수도 있고 가정환경이 가부장적이어서일 수도 있다. 아니면 그저 유튜브를 많이 봐서 그럴지도 모른다. 하지만 이곳에서는 아니다. 재윤이가 남성성 고정관념에 스스로를 가두지 않게 할 것이다. 적어도 여기 우리 반에서는.

재윤이는 조금 어색해하고 쑥쓰러워하는 게 느껴졌지만 (아홉 살 인생에서 언제 핑크색 아이템을 착장해봤겠나) 싫은 기색은 내지 않고 잠자코 나의 손길을 받아들였다. 이런 게 교육의 힘이다. 사전에 깔린 교육이 없었다면 이 핑크색에 얼마나 큰 거부감을 느꼈을 것이며, 그 거부감을 나타내는 것에도 얼마나 거리낌이 없었겠는가.

옆에 있던 (남성성 수행에 대한 압박을 재윤이 못지않게 체화 중인) 승우가 재윤이를 보면서 "재윤이 핑크색 했어!"라고 외쳤다가 친구들의 빈축을 샀다.

—야, 핑크색 할 수도 있지! 너 차별하냐?
—아니 그냥 챘다고···.

승우가 급격히 작아진 목소리로 꽁시랑거렸다. 이것도 교육의 힘이다. 어떤 기세라는 것이 있는 것이다.

맑은 하늘 아래 넓은 운동장에서 아이들은 땀을 뻘뻘 흘리며 자전거를 탔다. 아니, 타진 못했다. 끌기, 중심 잡기, 한 발만 페달에 놓고 타기 등을 했다. 아주 체계적이고 안전한 교육이었다. 나도 열심히 보고 배웠다. 아직 별이도 두발자전거를 못 탄다. 내가 오늘 배운 대로 가르쳐줄 것이다.

교육이 다 끝나고 나는 강사님들을 따로 뵈었다. 안전교육 시간에 자전거 브레이크가 고장나면 아빠에게 고쳐달라고 말하라던 수업 내용을 언급하며, "저희 반에 아빠가 없는 학생도 있어요"라고 말하는 가장 쉬운 방법을 썼다. (성차별, 성별 고정관념 같은 개념보다 당장 소외되는 구체적인 삶을 말해주는 게 즉각적인 이해에 도움을 준다는 것을 여러 경험으로 깨달았다.) 강사님은 역시 즉각 무슨 말인지 알아차렸고 앞으로는 어른으로 바꾸어 말하겠다고, 의견을 주어서 고맙다고 했다. 이렇게 대화가 부드럽게 진행된다면 하나 더 얹어야지.

"그리고 자전거 가게 아저씨보다는 사장님이 좋겠어요. 여학생도 있는데, 여학생들도 자전거 좋아할 수 있잖아요. 잘 고칠 수도 있고."

과연 그 선생에 그 학생들이군, 했을 것이다. 아니면 그 학생들에 그 선생이군, 그랬을까.

사이버폭력 예방 교육

사이버폭력 예방 교육을 하라는 공문이 와서 같은 학년 선생님과 배포된 자료를 살펴보며 수업을 계획했다. 칠판에 3교시 사이버폭력 예방 교육이라고 적어두었더니 아이들이 1교시부터 "다다음 시간에 사이버폭력 예방 수업 한다!" 하면서 기다렸다. 2교시가 끝나자 "드디어 사이버폭력 예방 수업 한다!"라고 외쳤다. 오전 내내 사이버폭력이 뭐냐며 묻고 또 물은 뒤였다.

각자의 사이버 생활을 점검하는 체크리스트 활동으로 수업을 열었다. 이때까지만 해도 기대와 호기심으로 들떠 있던 아이들은 디지털성범죄의 특징과 피해 사례를 살펴보며 점점 무겁게 가라앉았다. 나는 천천히 아이들의 눈높이에서 설명을 시작했다.

"좋아하는 사람끼리는 서로 계속 보고 싶고 가까이 있고 싶어지거든요. 여러분도 아마 어른이 되어서 그런 사람이 생긴다면 그 사람을 만지고 싶고 다른 사람은 끼지 못하는 둘만의 시간을 갖고 싶을 거예요. 옷을 벗은 맨몸을 서로 보여주고 싶기도 하고, 보고 싶기도 하고요."

만진다, 벗는다, 이런 말이 나오자 예상대로 대부분의 아이들이 "으윽. 우웩" 소리를 냈다. 그중에 승우만 그게 별일이냐는 듯이 조용히 고개를 끄덕였다. 집에서 성교육을 받은 것이다. 열여섯 명 중에 한 명뿐이다. 아홉 살까지 제대로 된 성교육을 해준 보호자가 없다는 말이다. 별이가 학교에서 이런 교육을 받는다면 어떤 표정을 지을지 생각해본다. 요란한 말과 행동으로 부자연스럽게 반응하는 친구들 사이에서 승우처럼 그냥 조용히 고개를 끄덕일까. 아니면 '하도 많이 들어서 지겨울 정도군'이라고 생각할지도 모른다. 아마 음경, 음순, 질, 발기 같은 단어들을 자연스레 떠올릴 것이다.

나는 약간 놀랍다는 표정을 지으며 학생들의 반응이 끝나기를 기다렸다가 "서로 사랑하는 사람끼리 안고 특별한 시간을 보내는 게 창피하거나 이상한 일이라고 생각해요?"라고 물었다.

—좀 그래요.
—뭔가 창피해요.
—느낌이 이상해요.

여러 대답을 듣고 다시 물었다.

"왜 이상하다거나 창피하다는 느낌을 갖게 되었을까. 혹시 누가 그렇게 가르쳐준 거야?"

아니요.

"이상하다, 그런 느낌이 어디서 왔을까."
나는 한참 뜸을 들이다가 여러분에게만 특별히 말해준다는 표정을 지으며 입을 뗀다.
"진실은 이거야. 그건 진짜, 진짜, 진짜 특별하고 즐거운 일이야."

정말요?

"그럼."

그럼 선생님도 그렇게 했어요?

"당연하지! 그래서 별이도 태어났지. 엄청나지 않아? 이건 진짜 엄청 멋진 일이잖아."
아이들의 표정이 환해진다. 하지만 다시 어두워질 이야기를 해야만 한다.
"그런데 둘만의 시간을 보냈는데 그중 한 사람이 몰래 그걸 찍어. 그러고는 많은 사람들이 보는 사이트에 영상을 올린 거야."

여자가요 남자가요?

적절하고 필요한 질문이다. 나는 있는 그대로의 사실을 말한다. "가해자는 대부분 남자야"

왜요?

"지금은 남자랑 여자를 차별하는 법이 없어졌지만, 수천 년 동안 여자들을 차별하고 함부로 대한 역사가 있어서 그래요. 아직도 사람들의 마음속에는 남자는 이렇고 여자는 이렇고 이런 마음들이 남아 있어요. 특히 여자의 몸을 마치 물건이나 장식품처럼 생각하면서 몸매를 따지고 얼굴을 평가하는 걸 당연하게 생각하고요. 심지어 화장실에서 똥 싸는 것도 막 보려고 하는 사람이 있어."
아이들 표정이 급격하게 찌푸려진다.
교실이 조용해졌다. 성교육이나 성폭력 예방 교육을 할 때마다 놀라는 점은 학생들이 이러한 주제에 보이는 진지한 관심과, 세상에 남아 있는 차별과 폭력 앞에서 자신만큼은 조금이라도 더 나은 사람이 되고 싶어 하는 열의다. 학생들은 피해자에게 공감하며 열심히 듣고 생각한다. 그런 분위기가 교실을 가득 메운다. 오늘도 그랬다.

―그래서요? 그래서 어떻게 됐어요?
―그 피해자는 어떻게 됐어요?
―영상을 어떻게 지울 수 있어요?
―그런 게 퍼진 걸 어떻게 알았어요?

학생들이 애가 타서 질문을 한다. 나는 그 애타는 마음이, 찌푸려진 인상이, 화가 난 마음이 소중하다고 생각한다. 그러니 이런 교육은 지금 해야 한다. 계속하면 분명 달라질 것이다. 대신 두루뭉술하고 관념적인 교육 말고, 현실적이고 구체적인 이야기를 해야 한다.

n번방 성착취물 유포 주범인 조주빈의 형량을 말해주면서 수업을 마무리했다. 많은 사람들이 이 문제를 해결하기 위해 애쓰고 있고, 법도 이런 범죄를 더욱 무겁게 처벌하는 쪽으로 바뀌고 있다고 했다. 정말 그렇게 희망적으로 바뀌고 있나 생각하면 조금 거짓말하는 기분이 들기도 한다. 하지만 2학년 어린이는 자신이 속한 사회에 대해 그 정도의 믿음과 안정감을 가질 권리가 있다고 생각한다. 많은 걸 배우고 궁금해하고 새로운 것을 받아들이며 앞으로 나아가야 하니까. 그리고 노력하는 사람들이 수없이 많은 것은 사실이니까. 아주 거짓은 아니라고 생각한다.

수업 끝종이 쳤는데도 아이들은 더 듣고, 더 이야기하고 싶어 했다.

베테랑의 쿨다운

좋지 않은 컨디션으로 최선을 다해 4교시까지 마치고 마지막 5교시를 남겨두고 있었다. 기진맥진이었다. 무리하지 말아야겠다고 아무리 다짐을 해도 뜻대로 안 된다.

출근과 동시에 나는 계속 호명되는 사람이다. 한 번에 한 사람씩 호명하는 게 아니고 동시다발적으로. 끊임없이, 쉴 틈 없이.

—선생님!
—있잖아요 선생님!
—선생님 근데요.
—그런데요 있잖아요 선생님.
—선생님, 어… 어… 어….

아이들은 침을 꼭 한두 번씩 삼켜가며, 눈동자를 위아래로 굴리며 천천히 말을 고른다. 간단명료하게 꼭 할 말만 하는 어린이라면 그것도 이상하겠지만 나는 바쁘게 하던 일을 멈추고 기다리다가 숨이 넘어간다.

꿈틀거리는 눈썹, 벌름거리는 콧구멍, 들썩이는 입술을 가만히 바라보게 될 때도 있다. 사랑스럽다. 아주 작았을 몸에서 어떻게 이만큼 자랄 수 있었을까. 친구의 잘못과 자신의 억울함을 말하고, (분명히 말해줬지만) 못 들었다고 다시 묻고, 들어놓고도 불안해서 또 묻고, 자기가 그린 그림을 자랑하고, 어제 있었던 일을 (안 물어봤는데) 열심히 들려주는 아이들의 얼굴을 가만히 본다. 교실의 소음이 순간 아득해진다.

그렇다고 아이들의 말을 흘려듣거나 허투루 듣는 것은 아니다. 잘 듣고 필요하면 잘잘못을 확실하게 가리고 엄격히 대하기도 한다. 이건 겉으로 드러나는 역할 수행과는 다른 차원에서 감각되는 무엇이다.

사람을 대하는 일, 특히 어린이를 대하는 일은 그래서 고된 게 아닐까 생각한다. 시종일관 마음이 움직인다. 그게 충만함이나 사랑, 애정과 열정이라고 해도 에너지가 드는 건 드는 거다. 가끔은 최소한의 에너지만 쓰는 건조한 교사로 하루라도 살아보자고 마음먹지만 성공한 적이 거의 없다. 아이들이 내게 오면 언제나 예열해둔 다리미처럼, 스팀 팍팍 나오는 다리미처럼 마음이 달궈진다.

'아니야. 좀 더 차갑게. 식혀서. 필요한 만큼. 딱 그만큼만. 교실에서는 냉정과 차분함이 필요할 때도 많으니까.

마음의 기운을 아껴야지. 조절해야지.'

맨날 속으로 작심을 한다. 작심만 한다.

5교시로 계획한 그림책 읽기 수업을 내가 읽어주는 것에서 학생들이 함께 읽는 방식으로 바꾸었다. 내 에너지가 어느 정도인지 스스로 알고, 그 선을 넘지 않되, 학생들에게도 배움이 일어날 수 있는 활동으로 재조정한 것이다.

교실에 여덟 개의 코너를 만들어 '가족'을 주제로 한 책들을 각각 올려두고, 놀이짝과 함께 책을 보다가 내가 종을 치며 모두 동시에 다음 책 자리로 이동했다.

놀이짝과 자리를 바꾸며 책을 읽는 것을 아이들은 좋아했다. 역할을 정해서 읽는 팀도 있었고, 그림의 재밌는 부분을 손가락으로 짚으며 키득거리는 팀도 있었다. 책을 다 읽으면 "다음 책도 재밌겠다!" 하면서 종이 울리길 기다리고, 즐거워서 노래를 부르며 이동하는 사람도 있었다. 한 권의 책을 교사와 함께 깊이 읽는 것도 좋았겠지만 그건 '나'라는 교사 자원의 충분할 때의 이야기다. 수업의 길은 무궁하고 다양하니, 지금 내가 할 수 있는 가장 좋은 길을 다시 찾으면 된다.

베테랑이라고 함은 이런 건가 보다. 꺾인 기력을 충당할 수 있는 노련함. 초임 때는 짱짱한 체력에 힘입은 엄청난 열정이 있었지만 지금처럼 잘하지 못했다. 교직 5년 차에는 매일 아침 '교사를 언제 그만두지, 어떻게 그만두지'

하는 생각과 함께 눈을 떴다. 교실에서 기쁘고 보람찬 순간들도 많았지만 그래도 늘 교사 일은 그만둬야 한다고 생각했다. 서울 첫 학교에서 끔찍한 교장을 만나 힘든 시간을 버티다 이제는 정말 그만둬야겠다고 결단했을 때, 한 전교조 선배 교사가 그런 나를 진심으로 말렸다. 딱 10년만 더 해보라고. 경력이 15년쯤 되면 많은 게 달라질 것이라고 했다. 올바른 소신과 방향을 가지고 있으니, 그쯤 되면 지금보다 유능해지고 훨씬 편안해질 거라고. 지금 내 경력이 병가와 육아휴직 기간을 빼면 15년쯤 된다.

이 순간에도 조용히 '교사 그만둬야지' 하는 결심을 쌓아가고 있을 동료에게 이 글이 약간의 희망이 될 수 있을까. 그럴 수 있다면 좋겠다.

후배 교사의 방문

"혹시 내일 무용실 사용 안 하시면 저희 반이 써도 될까요?"

서 선생님이 메시지를 보내왔다. 서 선생님은 우리 학교에 첫 발령을 받은 4년 차 교사다.

"네, 저희 반 안 씁니다. 마음껏 쓰세요.^^"

여기까지 쓰고 5초 정도 망설이다가 힌 문장을 더 썼다.

"그리고 한번 저희 교실에 놀러 오세요."

마음이 바뀌기 전에 후다닥 전송 버튼을 눌러버렸다.

교직 생활 내내 교사로서의 고민을 나눌 동료가 학교에는 늘 없거나 부족했다. 서서히 혼자 분열되는 시간들. 내가 오버를 하나, 저렇게 해야 하는 건데 내가 이상한 건가…. 매번 흔들리고 헷갈렸다. '저렇게 되고 싶다'는 롤모델 격의 선배 교사를 찾는 일도 쉽지 않았다.

"롤 모델을 찾아 헤매다 보면 롤 모델 비슷한 무엇이

되는 날도 온다. 꾸역꾸역 살아온 날들 덕분이다." 이번 주 시사인에서 『마음이 하는 일』이라는 책을 소개하며 쓴 문장이었다. 나에게도 큰 욕심은 없다. 내가 뭐 대단한 롤 모델이 되겠다는 것도 아니다. 솔직히 롤 모델이라는 말을 쓰는 데까지도 용기가 필요했다. 하지만 초임 시절의 나를 떠올려보면, 그때 나에게는 그런 게 필요했다. 그래서 찾아보기도 했지만 거듭 실망했다. '진짜 어떻게 이래' 싶을 정도로 없었다.

그때의 나에게 딱 지금의 나 같은 선배 교사가 멀지 않은 반경에서 한 번씩 다가와 자기 이야기를 해줬더라면. 요즘 어떻냐고 묻고, 어려운 건 없냐면서 고민을 들어줬다면. 그리고 본인도 힘들다 너스레를 떨지만, 자세히 들어보면 그 속에 얻어갈 만한 건더기가 하나씩은 있는 이야기들을 풀어주었다면. 딱 그 정도의 만남 같은 게 있었다면, 조금 덜 외롭고 덜 분투했을 것이다.

그러니까 혹시라도 '내가 꼰대가 되는 건 아닌가, 상대방은 부담스러워하는데 나이와 경력이라는 권력으로 불편하게 만드는 것은 아닌가' 하는 걱정 때문에 아예 다가가려는 시도조차 하지 않는 사람은 되지 않으려 한다. 일단 손을 한번 내밀어본다.

서 선생님에게 바로 답장이 왔다.
"오늘 놀러가도 돼요?"

아쉽게도 오후에는 우리 반 현장학습 사전 답사 출장이 있었다.

"오늘은 안 되는데 내일 올래요?"

"네 좋아요!"

오늘이 그날이었다. 오후 3시 반. 서 선생님은 친한 동료 한 분과 같이 오겠다고 했다. 두 후배 교사가 올 시간이 되자 나는 똥 마려운 강아지 모드가 되어 교실을 종종거렸다. 함께 먹을 간식을 준비하고 아이들 작품을 똑바로 걸고 책상 줄도 맞췄다. 우리 반에는 전기포트가 없어서 옆 교과실에서 빌려 오고, 그러는 김에 커피와 차도 몇 개 집어 왔다. 마음을 차분히 가라앉히고 자리에 앉아 기다리려는데 컵이 없다는 걸 깨달았다. 나는 계단을 세 칸씩 경중경중 뛰어 1층 교무실까지 내려갔다. "안녕하세요." 휘리릭 인사를 하고 컵 두 개를 들고 바람처럼 역시 세 칸씩 뛰어 올라 교실로 왔다.

빛의 속도로 다녀왔건만 두 분이 내 교실 문 앞 복도에서 계셨다. (들어가서 교실을 둘러보고 있어도 되는데…. 방금 청소도 했다고요.) 나는 기다리게 해서 미안하다고, 컵이 없어서 교무실에서 가져왔다고 숨을 헉헉거리며 말했다. 교과실에서 훔쳐온 커피와 차를 소개(?)하며 산만한 접대가 시작되었다.

"이렇게까지 환대를 해주시다니!"

여전히 숨을 고르는 나를 보고 두 분이 웃으며 말했다.

"학교에서 이런 교류… 너무 오랜만이어서, 저 진짜 막 설렜어요."

어젯밤 야심차게 준비한 말린 바나나를 꺼내며 내가 말했다.

선생님들은 요즘 아이들과 만나는 이야기, 오늘 했던 수업, 그리고 뾰족이(라는 귀여운 말을 쓰셨다)들 때문에 반 분위기가 흐트러지고 수업이 어려워지는 것에 대한 고민을 나눠주었는데, 나는 거기에 내 말을 너무 보태지 않으려고 애썼다. 내 경험에 비추어 해주고 싶은 이야기들이 떠올랐지만 각자의 서 있는 위치가 다름을 기억했다. 지금 나에게 보이는 풍경을 일방적으로 펼쳐 보이고 싶지 않다. 그리고 내가 교직 4년 차 때 어땠는지를 돌아보면 아무리 생각해도 다들 그때의 나보다 훨씬 더 잘하고 계셨다.

일단은 그저 만나서 좋았다. 학생들을 더 잘 만나고 싶은 교사들이 서로 이렇게 얼굴을 보고 말린 바나나를 먹고 있다는 것이 좋았다. 언제나 해야 할 일들이 끊이지 않는 교실에서 그걸 다 내려놓고 우리가 얼굴을 마주하고 앉았다는 것만으로 오늘은 충분했다. 그렇게 모여서 같이 길을 찾으면 좋을 것이다. 아이들을 섣불리 미워하거나 보호자를 탓하지 않고 학교에서 교사가 할 수 있는 일을, 혼자서는 어렵지만 동료와 함께면 가능한 일들을.

어떤 보호자

요즘 사는 게 너무 평탄하고 안온하다 했다. 이럴 리가 없지 않은가. 교직은 정신노동의 강도가 센 직업군이다. 언젠가부터 학생과의 관계보다 보호자와의 관계에서 힘든 일이 빈번해지는 추세다. 그래, 내가 그 트렌드에서 너무 멀리 살았다 싶다.

오늘 수업 중에 문자 알림이 계속 울렸다. 지훈이의 보호자였다. 아이 학습과 관련해 상담을 받고 싶다는 것이 길고 긴 문자의 요지였는데, 행간에 나에 대한 원망과 비난이 차고 넘쳤다.

지훈이는 학습보다는 생활 태도와 교우 관계에서 두루 문제가 많았다. 아무리 생각해도 그건 받아쓰기 점수, 수학 시험 점수보다 훨씬 더 중요한 문제였다. 당장 만나고 싶다는 보호자에게 나는 다음 주 상담 일정을 조율해 제안드리겠다고 답했다. 아이를 하루이틀 만에 다 키울 건가. 지훈이의 문제는 느긋하게 시간을 갖고 봐야 한다. 무슨 담판을 낼 것처럼 이렇게 흥분한 상태로 만나서는 안 된다. 하지만 보호자는 자기도 일하는 사람이라 시간이 늘 있지 않다며 10분 거리에 있을 테니 연락을 달라고 했다. 내가 바로 답이 없자 교장 선생님을 찾아가겠다고 한다. 필요하시면 그렇게 하라고 했다. 정말 교장과 이야기했으면 하는 마음이었다. 그랬더니 다시 장문의 문자가 쏟아졌고, 나는 그럼 잠깐 오시라고 했다.

이후의 일을 구구절절 옮기고 싶지는 않다. 요약하자면, '선생이 학교에서 대체 뭘 하냐, 아이가 수학과 받아쓰기 점수가 낮은데 1학년 때는 잘했다, 직장 일로 바쁜데 저녁에 아이한테 선생질까지 하고 있어야 하느냐'였다. 믿기지 않겠지만 정말로 '선생질'이라고 했다.

이런 사람도 있다. 안다. 교사에게 너무 많은 걸 요구하고 불만을 쏟아내며 기운을 빼놓는 보호자는 어디에나 있기 마련이다. 내가 교실에 들인 노력이 이렇게 받아들여질 수도 있고, 학교에 대한 상도 이렇게나 다를 수 있다. 불만을 가질 수도 있고 그것을 표출하는 방식을 제대로 못 배웠을 수도 있다. 그렇게 생각해보지만, 교사가 이런 상황을 컨트롤하는 데에는 너무 많은 에너지가 든다. 나는 내 얼마 안 되는 에너지를 학생들에게 쓰고 싶지 여기서 방전되고 싶지 않다.

아무것도 해결되지 못한 채 상담이 종료되었다.

"편히 가십시오."

더 할 말이 있어 보이는 보호자를 문 앞에 서서 보내드렸다.

그래. 그럴 수도 있다. 세상에는 별 사람들이 다 있으니까. 하지만 화는 난다. 한동안 학교 생활이 너무 쉬웠다. 너무 행복했다. "학교는 그렇게 호락호락하지 않아"라고, 세상이 나에게 나직이 말을 거는 것 같은 날이었다.

그런데 나도 잘한 게 없어서 더 괴로웠다. 그 보호자가 무례하고 경우 없는 사람인 건 분명했지만 나도 내 할 말만 했다. "직장 일로 바쁜데 내가 집에서 선생질까지 해야겠냐"는 말에는 "나는 선생인데 학교에서 지훈이 보호자 노릇을 한다, 그건 어떻게 생각하시느냐"고 응수했고 "대체 학교에서 뭘 가르치냐"는 비난에는 학급 규칙이 붙어 있는 벽면을 짚으며 "갈등이 생기면 회의해서 같이 해결하면서 공동체 생활하는 법을 배우고요," 그날 수업 내용이 판서된 칠판을 가리키며 "그림도 그리고 곱셈 공부도 하고 놀이도 합니다. 대체 학교가 뭐라고 생각하시는 겁니까. 학교가 무슨 과외 교습소입니까"라고 맞받아쳤다.

옆 반 선생님이 왔다. 내가 불렀다. 대화가 전혀 가능하지 않은 상황에서 내 감정이 점점 격해지는 것 같아 대화 초반에 도움을 요청한 것이었다. 경력과 나이가 꽉 찬 옆 반 선생님이 함께 착석하자, 그분은 조금 안정이 된 것 같았다. 정확히 말하자면 안정이 된 채로 나에 대한 비난을 차분하게 이어가기 시작했다. 말 한 마디 한 마디에 작년 담임과의 비교와 원망이 빼곡했다. 나는 조금 흥분해서 보호자의 말을 맞받아쳤는데, 옆 반 선생님의 마음의 소리가 들리는 것 같았다. '교사도 한성질 하네.'

그동안 보호자들과 많이 싸웠다. 아이에게 필요한 것, 당장 조치를 취해야 하는 일들, 소아정신과 상담이나 치료 같은 민감한 내용을 거침없이 말하곤 했다. 우여곡절이 많았지만 대부분 해피엔딩이었다. 다른 건 다 모르겠다는 마음으로 (여기서의 '다'에는 나의 체력도 포함된다) 눈앞의 학생만 생각하던 시절이었다.

하지만 이번에는 달랐다. 그렇게 곧이곧대로 직진하기에는 내 체력이 현저히 모자랐고, 나는 너무 피곤했으며, 그렇다고 유연하게 상황을 피해 가는 지혜나 기술은 나에게 없었다(없다는 걸 이번에 깨달았다). 그러니 '못 하겠어. 못 해먹겠어. 아 진짜, 모르겠다' 하는 감정만 남았다.

"제가 다음 일정이 있어서 더는 상담이 어렵습니다. 걱정하시는 것 알겠고, 학습 면에서 좀 더 개별적으로 신경쓰겠습니다" 하고 결국에는 보호자를 내쫓듯 교실 밖으로 배웅했다.

그렇게 끝났다. 끝난 줄 알았다.

지난 주말은 별이와 양수리에서 보냈다. 두물머리 농부

시장에서 평화롭게 소풍을 하고 두물머리 연꽃을 보고 자전거를 탔다. 별이와 함께하는 시간이 충만하고 즐거우면서도 마음 한구석이 지옥이었다. 그 모든 일들이 털어내지지가 않았다. 별이와 행복한 시간을 보내면 보낼수록 더 그랬다. 그 보호자는 지금 어떤 상태일까. 나와의 상담을, 그 최악의 대화를 (나처럼) 곱씹고 있을까. 나를 향한 분노와 원망을 잘 처리했을까. 지훈이는 지금 무얼 하고 있을까. 지훈이도 별이처럼 주말을 즐겁게 보내고 있을까.

보호자가 행복해야 아이가 편하다. 불행한 보호자에게 마음껏 마음을 기댈 수 있는 아이가 어디에 있을까. 그 보호자가 행복하고 편안해야, 지훈이도 편안하게 자랄 수 있다. 내가 지훈이 보호자의 행복을 책임져야 하는 사람은 당연히 아니지만, 그분도 본인이 잘못 행동한 것에 대한 대가를 치르는 것이고 결국 자기가 감당하고 극복해야 할 자기 삶의 이슈가 있겠지만, 지난 상담과 그 이후의 부정적 여파에 대해서만큼은 약간의 책임감 내지는 죄책감이 느껴졌다.

'제발 나처럼 그날 일을 곱씹지 말고 지훈이랑 즐거운 주말 한때를 보내고 계시길!' 나도 모르게 계속 속으로 빌고 있었다. 하지만 그럴 리가 있나. 그렇게 하고 가서 마음이 편할 리가 있나.

오늘 지훈이는 치통으로 괴로워했다. 수업 시간에는

급기야 어금니를 붙들고 눈물을 흘렸다. 어제 치통으로 조퇴를 했는데 치료를 한 후에도 아픈 모양이다. 수업을 중단하고 지훈이의 보호자에게 전화를 걸었다. 조퇴를 하고 보호자가 데리러 오기로 했다. 나는 반 아이들에게 활동거리를 주고는 지훈이의 손을 잡고 보호자가 기다리는 1층으로 같이 내려갔다.

1층에서 그 보호자를 보자마자 손을 맞잡았다.

"지난번에 그렇게 보내드리고 나서 주말에 많이 후회했습니다. 결국은 다 지훈이를 위해서 하는 일인데, 엄마가 편안하지 못하면 지훈이가 힘든 건데…. 제가 불안한 마음을 좀 더 알아드리고 이야기를 들었어야 했어요. 정말 후회했습니다."

후련했다. 하고 싶은 말을 다 했을 때보다 지금이 더 후련했다. 모든 잘잘못을 떠나서 이 말이 너무 하고 싶었다. 분명히 그분은 잘못을 했다. 말도 안 되는 요구와 비난을 했다. 나는 그 말들이 아직도 아프다. 내가 정말 아이들의 학업을 소홀하게 여기는 교사인가 고민하며 검열과 자책으로 이어지기까지 했다. 그분이 쏟아낸 독설 가운데는 두고두고 나를 괴롭힐 말들이 있었다. '교실에서 그렇게 최선을 다해도 이런 식으로 욕을 먹을 수 있구나'를 경험하는 일은 생각보다 더 고통스럽고, 교사를 위축시키며, 최소한의 책임질 일 외에는 교사로서의 고민이나 실천을 다 버리고 싶게 만든다. 교사들이 어째서 한 해 한 해 열의를 잃고 매너리즘에 빠지는지, 학생이나 학교와 거리를 두려고 하는지 온몸으로 이해가 되어버린다. 결국 나도 그렇게 되는 건가 두려워진다. 그리고 그렇게 되어간다고 해도 어쩔 수 없다는 생각을 하고 만다.

지난 나흘은 그런 시간이었다. 오늘 아침에는 너무 학교에 오기가 싫었다. 처음이었다. 학교가 이렇게까지 싫은 날은. 주말에는 늘 우리 반 아이들 영상을 틈틈이 편집하며 학교에서 보여줄 생각에 즐거웠는데, 휴대폰에 있는 학교 사진을 보는 것조차 너무 싫고 압박감이 느껴져 사진첩을 열어보지도 않았다. 그러니까 이런 일은 한 명의 보호자와 나의 관계에서 끝나는 것이 아니다. 교사의 일, 학교라는 공간에 대한 상처 내지는 두려움, 혹은 분노와 무기력함이 내 교실과 우리 반 학생들 사이사이에 영향을 미치는 것이다.

오늘 아침 억지로 출근을 하면서 생각했다. 마음을 지켜야겠어. 방법은 모르면서 결심만 했다. 내 마음을 지켜야 우리 반이 편안하다. 그게 다시 내가 편안해지는 길이기도 하다. 지훈이의 보호자가 지훈이를 데리러 학교에 왔을 때 나에게 기회가 왔다고 생각했다. 그분에게도 기회를 드리고 싶었다.

다행히 그 보호자도 내 손을 잡아주었다.

내일은 오늘처럼 출근하기가 싫지는 않을 것이다.

내가 되려고 하는
내가 되는 연습

올해 우리 학교는 운동회 진행을 외부 업체에 맡겼고, 교직원 회의 시간에 업체 브리핑이 있었다.

"저희가 교권 신장 차원에서라도 그날 아이들에게 '세상에서 가장 잘생긴 사람은 누구? 가장 예쁜 사람은 누구?' 이렇게 물어볼 겁니다. 그럼 아이들은 어지간하면 '우리 담임선생님요.' 합니다!"

담당자의 말을 들으며 나는 속으로 한숨을 내쉬고는 손을 든다.

"운동회를 진행하실 때 학생들 앞에서 외모를 평가하는 말, 특히 남자는 잘생겼다 여자는 예쁘다 하는 식으로 성별화된 외모 칭찬은 하지 않았으면 좋겠습니다."

이것은 약간 누르면 재생되는 기계 같은 것이다. 수년째 같은 말만 반복하는 고장난 라디오 같은 것이다. 언제나 준비되어 있어 어떻게 말할지 생각할 필요조차 없다. 하지만 밖으로 내보낼 때는 늘 약간의 용기와 약간의 체력

소모를 감수할 결심이 필요하다. 많은 사람들 앞에서 굳이 환영받지 못할 말을 하는 것은 피곤한 일이다. 어떤 곳에도 이런 말에 대한 반동은 있다. 대놓고 야유하거나 공격할 사람은 없어도 '유난스럽다, 쟤 또 시작이네' 하는 표정의 사람들은 분명히 있다. 그런 시선을 견디는 건 체력이 든다. 집단에서 내가 언제나 평화롭게 우위를 점하거나 혹은 정치적 진공 상태에 있는 것은 아니므로, 이런 발언에 대한 후폭풍은 이런저런 부대낌과 알력, 긴장 관계 속에서 다양한 모양새로 찾아든다.

그래도 내가 굳이 손을 들고 입을 여는 이유는 뭘까. 대의를 위해서는 아니다. 그게 나다워서다. 더 정확히 말하자면 그런 내가 되고 싶어서이다. 반동적인 시선이 대수인가. 나는 나 스스로가 내 마음에 드는 사람이 되는 게 더 중요하다. 나는 내가 그런 후진 멘트를 듣고 가만히 있는 사람이 아니었으면 좋겠다. 특히 학생들에게 해로운 말을 걸러내지 못하는 사람이 아니었으면 좋겠다. 그것뿐이다. 게다가 그건 내가 선 자리에서 엄청나게 어려운 일도 아니다. 15년 경력이 넘은 정규직 교사로 운동회 업체의 브리핑을 듣는 위치인 이곳에서도 말을 삼키면 어디서 할 수 있단 말인가.

이건 일종의 연습이라고 생각한다. 내가 되는 연습. 정확히는 내가 되려고 하는 내가 되는 연습.

부정적이고 유난스럽다고 여기는 시선은 그대로 지나

간다. 사람들은 기본적으로 타인에 대해 별 관심이 없으니까. 학교에서 내가 이런 쪽으로 납작하게 이해되는 것도 나쁘지 않다고 생각한다. 이제 누군가 성차별적인 말을 하면 사람들은 나를 쳐다볼 것이다. '현희가 또 한마디 하겠네' 하고 기대하면서.

솔직히 말하면 이 학교에서는 정말이지 그런 기대를 받고 싶지 않았다. 조용히, 최대한 조용히 살고 싶었다. 좀 그렇게 살아도 되지 않나. 그동안 많이 부대끼며 힘들었으니까. 이제 그만해도 괜찮지 않을까. 조용히. 좋게 좋게. 하지만 그건 내가 선택할 수 있는 게 아니다. 보는 관점에 따라서는 내가 진짜 유난스럽고 까칠한 사람이겠지만 내가 나를 안다. 나는 재밌고 유쾌하며 따뜻한 사람이다. 그렇지만 해야 할 말이 있을 때는 기꺼이 고장난 라디오가 될 것이다.

솔직히 아직도 교직원 회의가 어렵다. 아무것도 안 해도 가슴이 뛴다. 왜 이렇게 가슴이 두근거릴까 생각해보니 학교의 교사들이 모여 회의를 하는 그 공간과 시간이 주는 기운이 몇 년이 지난 지금도 나한테 어려울 수 있겠구나 싶다. 계속해서 야트막한 언덕 같은 걸 넘어가는 중인지도 모른다. 그러니까 몸은 안전하지 않다고 느끼는 것이다.

집에 와서는 반신욕을 했다. '너 안전해. 이제 완전 괜찮아'라고 몸에게 전달하기 위해서이다. 몸이 잘 알아들을 만한 방식으로.

업체 담당자는 내 말에 요즘 그런 부분에서 이야기가 많이 나와서 조심해야겠다고 하면서도, 아이들끼리 몸이 닿는 놀이에 대해서도 말이 많은데 정작 아이들은 아무렇지 않아 한다는, 어른들이 민감하게 생각하는 거라는 불필요하고 적절하지 않은 말을 보탰다. 그것까지 대꾸할 힘은 없었다. 나는 그냥 "교육적으로 더 좋은 방향을 고민하는 게 맞을 것 같고요, '너무 민감하다' 이런 식으로 생각하지 않으셨으면 합니다"라고만 했다. 이 정도는 토스할 수 있는 또 다른 동료가 있다면 얼마나 좋을까 생각했지만 그런 생각은 함부로 하는 게 아니다. 기대나 희망은 원망과 미움이 되기 쉽다. 그냥 내가 할 수 있는 일을 하고, 못하겠으면 말면 된다.

할 수 있는 게 있을 때 할 수 있는 걸 해서 다행이다. 그런 내가 마음에 든다.

존중하는 대화법

날씨가 좋아 점심시간에 다 같이 교실 밖으로 나갔다. 지훈이는 나무에 굳어 있는 수액을 조심히 떼어내 친구들에게 보여주며 말했다.

—이거 호박 보석이다!
—엥, 이게 무슨 보석이야!
—넌 진짜 상식도 없냐!

아이들이 면박을 준다. 굳은 수액을 보물처럼 소중히 들어 보인 지훈이에게 너무 무례한 말이었다.

지훈이에게 못되게 구는 아이들이 자주 눈에 띈다. 지훈이는 또래보다 애정을 갈구하는 편이고 학습이나 관계 형성이 미숙하다. 선생님들에게 지적도 자주 받는다. 자세히 들여다보지 않으면 정말 버릇없는 아이처럼 보일 때도 있다. 하지만 아니다. 지훈이는 사람을 좋아하고 호기심이 많고 하늘처럼 맑은 아이다. 투명할 정도로 맑은 아이.

교실에 들어와 아이들이 물을 마시고 쉬는 동안 나는 천천히 일어나 칠판에 썼다. '존중하는 대화법'.

아이들은 배움공책에 오늘 공부할 주제를 따라 쓴다. 그리고 인터넷으로 호박 보석을 검색해 곤충이 들어 있는 호박 보석 사진들을 함께 살펴보았다. 지훈이가 들고 있던 수액 덩어리와 색과 모양이 비슷했다. 신기한 사진들을 한참 살펴본 후에 호박 보석의 뜻을 찾아 큰 소리로 함께 읽었다. 송진이 땅속에서 열과 압력을 받아 화석화된 것이라는 설명을 내가 다시 쉽게 풀어줬을 때, 지훈이에게 면박을 줬던 아이들은 어쩔 줄 모르는 표정이 되었다.

"그러니까 지훈이가 완전히 틀린 게 아니었어. 지훈이가 방금 나무에서 발견한 나무 진액이 땅속에서 수천 년이 지나면 바로 호박 보석이 되는 거였어. 지훈이는 그렇게 멋진 걸 발견하고 우리에게 보여줬는데 어떤 사람들은 그 말을 완전히 무시했지. 그럼 어떤 일이 벌어질까."

교실이 조용해졌다. 나는 잠시 기다렸다가 다시 입을 열었다.

"새롭고 신기한 것들을 배우고 탐험할 기회를 완전히 놓치는 거야. 더 풍부하고 다양한 대화가 될 수도 있었는데 말이지."

몇몇 학생들이 고개를 푹 숙이고 말이 없어졌다.

나는 칠판에 대화문을 적는다.

지훈 : 와, 이거 봐봐. 호박 보석이야.
○○ :

배움공책에 아이들이 따라 쓸 시간을 충분히 준 후에 말했다.
"존중하는 대화를 하지 못하는 사람은 이럴 때 어떻게 말할지 먼저 생각해봅시다."
한 사람씩 손을 들고 말했다.

―이 바보야, 그게 무슨 보석이야.
―야 너는 그것도 모르냐, 그건 수액이야! 보석이 아니고!
―넌 진짜 상식도 없냐!

방금 전에 지훈이가 들었던 말들이다. 몇몇의 얼굴이 조금 붉어지는 게 보인다.
이번에는 존중하는 대화를 할 수 있는 사람은 뭐라고 대답할지 생각해보고 각자의 공책에 썼다. 그리고 한 사람씩 돌아가면서 발표했다. 실제 대화 상황인 것처럼 발표를 했다. 지훈이가 자기 몫의 대사를 큰 소리로 반복했다. 계속 반복되는 대사에 지훈이도 아이들도 웃음이 피식피식 터진다. 하지만 진지했다.

―우와 신기하다. 그거 어디에 있었어?
―우와 너무 예쁘다! 진짜 보석같이 생겼다.
―속에 나뭇잎이 들어 있네. 너무 신기해.
―이렇게 신기한 걸 보여줘서 고마워.
―우와 신기하다! 하지만 나는 그게 보석은 아니라고 생각해.

마지막 대사는 '상식도 없냐'라고 가장 못되게 말했던 유현이였다. 나는 상대방의 말에 동의하지 않더라도 이렇게 존중하며 말할 수 있다는 점을 짚어주었다. 우리는 한 사람씩 발표를 마칠 때마다 함께 박수를 쳤다.

"우와, 이렇게 좋은 대화를 할 수 있는 사람들이구나! 조금만 더 노력하면 진짜 훌륭하고 멋진 반이 될 수 있겠다! 우리 노력해보자."

모두 씩씩하게 알겠다고 약속했다. 믿어서는 안 된다. 당연히 어겨질 약속이니까. 하지만 그래도 괜찮다. 그럼 또 가르치면 된다.

지훈이는 일과가 끝나자마자 나에게 와서 말했다.
"선생님 저 오늘 '인싸' 됐어요. 처음으로요. 호박 보석에 대해 알게 돼서 정말 기뻤어요. 고맙습니다."
행복해 보이는 표정이었다.

역차별 감수성 예방 교육

 남학생들에게 역차별이라는 감각과 인식의 허위를 설명해야 할 때가 온다. 그런데 이게 쉽지가 않다. 그래서 이 주제는 가급적 학년 말에 다루는 게 좋다. 아이들의 마음속에 그것을 납득할 만한 공간이 만들어지기까지 시간이 필요하기 때문이다. 그 공간은 신뢰가 만든다. '우리 선생님은 절대 차별하지 않아', '선생님이 하는 말은 신뢰할 수 있어' 하는 마음이 쌓여 만들어진다.

 학년 말이라고 거저 되는 것도 아니다. 학급 안에서 대화를 주고받는 문화가 자리를 잡아야 한다. 아무리 바르고 옳은 말이라도 교사가 일방적으로 학생들에게 전달하는 방식으로는 교육이 잘 이루어지지 않는다. 물론 저학년 생활 교육은 많은 경우에 직접적이고 분명한 지시와 가르침이 필요하고 또 중요하다. 하지만 페미니즘 교육은 그런 방식으로는 불가하다. 아이들에게도 기존의 세계를 해석하고 받아들이며 쌓아온 나름의 경험 체계와 논리가 있어서 "도둑질하지 마라", "사람을 때리지 마라"와 같은 절대적인 규범이 아닌 이상 자기 의견을 그냥 바꾸지 않는다. 그러니 주고받기를 할 수 있어야 한다. 신뢰의 공간 안에서. 그것만 되면 페미니즘 교육은 모든 일상에서 수월하게 틈을 찾아 자리를 잡는다.

오늘 우리 반 놀이 시간 이야기를 해보자.

추운 날이었지만 우리는 운동장에 나갔다. 보통은 놀이터에서 시소를 타거나 술래잡기를 하고 노는데 오늘은 웬일로 골대 근처에 축구공 두 개가 있었다. 남자아이들 동공이 커지는 게 멀리서도 보인다. 바로 공으로 직행하는 남학생들과 달리 여학생들은 여느 때처럼 시소로 달려간다. 속상한 마음을 품은 채로 일단은 나도 공놀이하는 팀에 합류한다. 3분쯤 같이 뛰다가 공을 하나 몰고 시소로 달려간다. 시소에 주렁주렁(!) 매달려 있는 여학생들을 향해 운동장 끝의 골대를 가리키며 외친다.

"나 저기에 공 넣을 건데 누가 막을 수 있을까?"

나의 도발에 아이들이 시소에서 벌떡 일어나 공을 차고 가는 나에게 따라붙는다. 나는 공을 뺏기기 위해 일부러 속도를 줄였다. 한참 공을 뺏기고 빼앗고 하는데 저쪽 남학생 그룹에서 몇몇이 달려오더니 여학생의 공을 빼앗아 뻥 차면서 순식간에 골대까지 가버린다. 그래도 신이 난 기세로 열심히 공을 쫓아가던 여학생들은 축구 교실에서 단련된 남학생의 몸놀림을 따라가지 못하고 이내 재미없다며 시소로 돌아가버렸다.

나는 축구를 중단시켰다. 공 두 개를 모두 가져오게 하고, 두 개의 공을 차며 축구를 하던 남학생 그룹을 모두 불러 모았다(모든 남학생들이 축구를 한 건 아니다. 학교 산책로에서 식물과 곤충을 관찰하는 그룹도 있었다. 그쪽은 그저 평화로운 세상이다). 나는 공을 양손에 들고 진지하고 정중하게 이야기를 시작한다.

"선생님이 왜 너희들 노는 공 두 개 중에 하나를 가져와서 여학생들과 해보려고 했을까. 고정관념에 대해 잘 알지? 같이 교과서에서 찾아보기도 하고 그랬잖아. 그건 우리 주변에도 아직 많이 남아 있어서 여자아이들은 축구를 해볼 기회가 잘 없어. 누가 못하게 막는 건 아니지만 고정관념은 눈에 보이지 않아도 힘이 세잖아. 어렸을 때부터 축구를 자주 해보고 방과후 수업에서도 계속 배운 사람이랑, 자주 해보지 않은 사람이랑 실력이 같을까?"

달라요.

"근데 실력이 서로 다른 사람끼리 축구를 하면 어떻게 될까?"

잘하는 사람만 계속 공을 차요.

"선생님은 우리 반 여학생들이 공놀이도 마음껏 해봤으면 좋겠거든. 시소도 재미있지만 말이야. 해보고 싫으면 안 하면 되지만 그건 해봐야 아는 거잖아. 그래서 선생님은 공을 두 개로 나눠서 잘하는 팀, 아직 초보인 팀 이렇게 하고 싶은 거야. 초보 팀에는 고정관념 때문에 여학생들이 더 많이 있을 거고. 근데 초보 팀의 공을 빼앗아버리면 어때. 공평하지 못하지?"

남학생 중에 특히 유현이가 진지하게 들으며 고개를 끄덕인다. 유현이의 그런 반응은 고무적이다. 경쟁심이 강하고 손해 보는 건 절대 못 참는 성격인데, 자기하고 큰 상관이 없을 때만 공평해야 한다고 소리를 높이는 편이었다. 그런 유현이가 지금은 이렇게 말하고 있다.

"알았어요. 그럼 우리는 저쪽 골대에서 우리끼리만 할게요. 방해하지 않을게요."

다른 남학생들도 고개를 끄덕이고 공을 하나만 달라고, 그걸로만 하겠다고 한다. 하지만 동우는 울상이다.

선생님, 저는 남자여도 잘 못해요. 많이 안 해봤어요.

"그렇지. 맞지. 남자니까 무조건 잘하는 게 아니지. 너는 하고 싶으면 언제나 초보 팀으로 올 수 있는 거야!"

동우가 다행스럽다는 표정을 짓고는 축구는 하지 않고 곤충을 보러 갔다. 아마 사마귀를 찾으러 갔을 것이다.

이야기를 마치고 나는 다시 공을 몰고 시소로 갔다. "또 누가 선생님 공 뺏어볼래?" 했더니 이제는 더 하고 싶지 않단다. 아까 숨차게 달리기만 하고 공을 못 차봐서 금세 열기가 식어버렸다. 그 잠깐의 경험이 이렇게 의욕을 꺾어버리는 걸 보면 얼마나 많은 자잘한 경험들이 여학생들을 뛰지 못하게 하는 걸까 헤아릴 수도 없다.

어쩔 수 없다. 이럴 때 간식을 써야 한다. 사실 교실에 간식 같은 건 있지도 않지만, "선생님 공 뺏어서 골대에 넣으면 선생님이 초콜릿 쏜다!" 외친다. 말이 끝나기 무섭게 아이들이 벌떡 일어나 달릴 준비를 한다.

6대 1 축구였다. 처음에는 분명 내가 봐주면서 뛰었다. "초보 맞아? 왜 이렇게 잘해?", "헉, 이걸 막네", "아니 이럴 수가, 패스도 잘하네!" 하면서 최대한 기를 살려주려고 했는데 뛰다 보니 내가 그렇게 여유 부릴 때가 아니었다. 그 사이 아이들의 실력이 늘었는지, 최선을 다해 막았지만 한 골을 내주고 말았다.

"한판 더 해!" 내가 씩씩거리자 "잠깐만요! 작전 타임 좀 주세요!" 하더니 여섯 명이 머리를 맞대고 쪼그려 앉아 "너는 골대 앞에서 수비를 해, 그리고 너는 오른쪽을 맡아. 내가 패스를 할게" 하고 속삭이는 소리가 들린다.

이번에도 역시 최선을 다해 뛰었으나 또 한 골을 내줬다. 나는 분하다는 표정을 지었고 아이들은 하이파이브를 하며 환호하는데 수업 시작종이 울린다.

교실에 들어와 약속대로 초콜릿을 줘야 하는 시간이 되었다(다른 선생님 반에 가서 간식을 구걸해 왔다). 문제는 이걸 어떻게 줄 것인가이다. 그러니까 어떻게 여학생만. 세심한 접근이 필요한 순간이다. 넉넉하게 얻어 왔으니 그냥 다 나눠줄 수도 있다. 하지만 그렇게 되면 여학생들이 도전해서 두 골이나 성공한 의미가 희석되지 않는가. 잘 설명할 수 있다. 아이들에게는 내 설명이 들어갈 공간이 있다. 사탕을 당장 못 받는다고 무작정 적대적으로 굴지 않을 것이다. 납득이 안 가면 호기심을 가지고 다시 질문할 것이다. 그리고 내가 답변을 하면 진지하게 들어줄 것이다.

간식 통을 뒤로 숨기고, 나는 방금 전 놀이 시간의 일을 상기시킨다.

"아까 왜 공과 골대를 두 개로 나눠서 놀았지요?"

유현이가 아까 운동장에서 내가 했던 말과 표현을 빌려 상황을 상세하게 설명한다. 나보다 더 쉽고 이해하기 쉽게 말한다. 친구의 조리 있는 설명에 다들 조용히 귀를 기울인다. 나는 유현이의 말을 이어받아 첨언을 한다.

"인간이 모여 살면서 여자와 남자를 차별한 시간은 수천 년에 가깝다고 했죠. 여자는 투표도 할 수 없었고 학교도 다니지 못했고 나랏일도 할 수 없었던 시간이 엄청 길었다는 것도, 여자와 남자가 평등하다는 생각이 널리 퍼진 게 고작 백 년 정도밖에 되지 않았다는 것도요. 그래서 이제는 우리와 상관없을 것 같지만 사실은 우리 주변에 흔하게 있는 게 있어요. 특히 우리한테도 있는 거! 뭐죠?"

고정관념이요.

"맞아요. 그것 때문에 여자아이들은 어렸을 때 공을 가지고 놀 기회가 생각보다 자연스럽게 오지 않아요. 그래서 오늘 선생님이 했던 것과 같은 노력이 필요한 거예요. 저는 오늘 여학생들에게 초콜릿을 걸었어요. 아까 공을 뺏기고 재미없게 축구를 한 후에 흥미를 잃어버린 것 같았거든요. 축구를 하는데 공을 한 번도 못 차면 어때요? 재미가 진짜 없죠. (공감의 웅성거림이 들린다.) 그래서 다시 한 번 도전해 볼 마음을 가질 수 있게 초콜릿을 건 거예요. 솔직히 나는 골을 넣을 줄은 몰랐거든요. 근데 골을 넣어버렸어요 (나는 여기서 약간의 분한 표정을 짓는다. 여학생들의 자랑스러운 표정이 보이고, 남학생들도 재밌다는 듯이 웃는다). 그래서 선생님은 이제 약속을 지켜야 해요. 오늘 선생님과 6대 1 축구를 한 여학생들에게 초콜릿을 줄 거예요. 그럼 다른 골대에서 축구를 한 친구들이 너무 섭섭할 수도 있어요. 하지만 이해해줬으면 좋겠어요. 이해할 수 있나요?"

조심스럽게 묻는다. 남학생들이 고개를 끄덕인다. 이건 억지로 끄덕이는 게 아니다. 납득한 거다. 끄덕이면서도 뭔가 찜찜하다는 표정을 짓던 유현이가 질문한다.

하지만 저희는 선생님과 대결할 기회도 없었잖아요. 저희도 골 넣을 수 있는데, 기회도 없이 초콜릿을 못 받는 건 너무해요.

"그렇지. 유현이 말이 맞아. 억울할 수 있어. 이것도 차별 아니냐는 생각이 들 수도 있어. 하지만 지금 여기서 엄청 중요한 걸 배울 수도 있어. 지금부터 선생님이 가르쳐 줄 건데 들어볼래?"

나는 아주 중요한 비밀을 말해줄 것처럼 뜸을 들인다. 교실이 조용해진다.

"앞으로 여러분이 남자로 살면서 이런 상황과 기분이 또 찾아올 거야. 왜냐하면 세상에 차별이 완전히 사라지려면 그걸 바로잡기 위해 오늘 선생님이 한 것 같은 노력이 계속 필요하거든. 그건 세상에 점점 더 차별이 없어진다는 뜻이야. 더 좋은 세상이 된다는 뜻이지. 그럴 때 선택할 수 있는 두 가지 길이 있어. 하나는 억울해하는 거야. 초콜릿을 뺏겼다는 느낌에 집중하는 거지. '정말 불공평해. 이것도 차별이잖아!' 하고 분노하는 거지. 그럴 수 있어, 그런 마음이 들 수도 있지.

하지만 또 다른 길도 있어. 세상에 남아 있는 차별을 없애는 편에 설 수가 있어. 억울한 마음도 들지만, '그래도 이건 세상에 있는 차별이랑 고정관념을 없애기 위해 선생님이 노력한 거야. 난 그 노력의 편에 설 거야. 나도 그런 노력을 하는 사람이 될 거야' 하고 결심하는 거야. 차별이 없는 세상이 나한테도 좋다는 걸 깨닫는 거야. 정말 똑똑한 사람은 그걸 알아. 결국 어떤 차별이라도 세상에 남아 있지 않는 게 자기 자신한테도 좋다는 걸. 나도 어떤 이유로든 차별을 받지 않을 테니까.

선생님은 우리 반 남학생들이 두 번째 길을 꼭 선택했으면 좋겠어. 근데 잘 안 될 수도 있어. 이건 어른들도 잘 배우지 못하는 경우도 많아. 그만큼 어려운 배움이라는 뜻이지."

아이들은 더 이상 질문하지 않고 잠깐 골똘해진다. 조용한 교실. 두 번째 길을 가는 사람이 진짜 멋있는 거야, 하고 말을 보탰는데, 채연이가 불쑥 "선생님처럼요?" 한다. 차마 내 입으로 그렇다고 말은 못하고 그냥 웃었다.

간식을 나눠줬다. 여섯 명의 여학생들은 두 개, 나머지는 한 개를 받았다.

어려운 날

왜 그랬는지는 모른다. 왜 오늘이었는지도 모른다. 오늘 아침 출근해서 교실에 도착하니 우리 반 학생들이 책상에 앉아 바른 자세로 책을 읽고 있었다. 아니, 정확히는 그 자세로 나를 '기다리고' 있었다. 도착한 내가 깜짝 놀라니 서로 눈빛을 교환하며 키득키득 웃었다.

"엇, 여기 우리 반 아닌가 보다. 잘못 들어왔나 봐요. 안녕히 계세요."

내가 문을 다시 닫고 나가려는 시늉을 하자 그제야 큰 소리로 웃음이 터졌다. 나는 다시 들어오면서 "도대체 무슨 일이 있었던 거야" 하고 물어봤지만 아이들은 웃으면서 "그냥 우리가 그렇게 하기로 했어요"라고만 했다.

우리 반 학생들은 학교에 일찍 오는 편이라 나는 보통은 소란스러운 교실로 들어가며 하루를 시작한다. 교사가 없는 교실에 아이들만 있는 게 불안해서 너무 일찍 등교하지 말고 내가 출근하는 시간에 맞춰 오라고 일러도 소용이 없다. 일찍 오는 사람은 조용히 책을 읽고 있기로 약속했지만 잘 지켜지지 않았다. 옆 반은 등교 시간을 엄격히 제한해서 8시 50분 전에는 교실로 들어오지 못하게 하고 있었다. 우리 반도 저렇게 해야 하나 고민하던 참이었다.

사실 요새 나는 조금 지쳐가고 있다. 지난 달부터 상담을 받기 시작했다. 어제 상담 선생님은 요즘의 내 상태를 듣더니 말했다.

"소진은 그런 거예요."

그 일이 있고 5년째. 5년은 소진된 것을 채우기에는 충분하지 않은 시간이었을 것이라고 했다.

"현희 씨는 속상한 것처럼 보여요. 뭐가 가장 속상해요."

상담 선생님이 물었다. 지난 회복의 시간과 과정에 대해 이미 잘 알고 있다고 생각했는데, 상담을 하면서 새롭게 질문하게 되는 것들이 많다. 요즘 나는 나에게 실망을 하고 있었을까. 예전에 바랐던 활기찬 교사의 상이 더 이상 현실에서 가능하지 않아서 우울한가.

"예전의 그 활력과 충만했던 시간들이 그리운 건가요."
상담 선생님은 다시 물었다.

"네. 어쩌면요. 더 이상은 그때의 나로는 돌아갈 수 없을 것 같아요."

좋은 순간도 있다. 하지만 금방 소진되기 일쑤다. 나는 좋아졌다 나빠졌다를 여전히 반복하며 산다. 지난 2주 간은 정말 '나빠졌다'의 시간이었다. 이렇게는 못 하겠어. 병가를 써야 하나. 어젯밤까지도 고민하다가 잠이 들었다.

그런데 오늘 아침의 교실이 나에게 말을 건다. '지금까지 잘 버텨왔다. 자, 선물!' 아이들이 합심해서 규칙을 지키는 교실이라니. 이것보다 더 큰 선물이 있는가. 오래가지는 않겠지만 이 짧은 순간이, 나에게는 큰 선물이었다.

요즘은 교사를 오래 할 수 없을 것 같다는 생각이 진지하게 든다. 사람들은 자꾸 내가 너무 열심히 해서 그런 거라고 한다. 하지만 난 진짜로 잘 모르겠다. 이게 그렇게까지 열심히 하는 건가. 아무리 생각해도 이건 내가 할 수 있는 최소한의 최선이다. 작은 인간들의 성장을 돕는 일인데 이 정도의 최선도 다할 수 없단 말인가.

어렵다. 어떤 순간이 너무 좋을수록 더 어려워지는 것 같다. 오늘은 충분히 좋았고 여전히 힘에 부쳤고 그래서 어려운 날이었다.

오래 가르치고 싶어서

"제가 평가하면 안 되지만, 그리고 선생님도 이미 아시 겠지만, 선생님은 정말 잘 가르치십니다. 저도 아이 키우는 학부모로서 감사함을 전하고 싶어요."

1년 동안 우리 반 수학 수업을 도와주신 협력 강사 선생님이 마지막 수업을 마치고 나에게 한 말이다. 나와 아이들의 마음이 잘 맞고, 아이들이 나를 정말 좋아하고 믿는 게 느껴진다며, 이 반 아이들은 내년엔 어떡하냐고 걱정을 하셨다. (난 걱정하지 않는다. 새 선생님에게 찰떡같이 적응해 잘 지낼 것이다.)

뜻밖의 칭찬이었다. 이런 칭찬에 내가 조금은 목말라 있었을지도 모르겠다는 생각을 했다. 교사 역할에 대한 스스로의 기대치가 너무 높아 웬만해서는 만족할 수 없었다. 항상 뭔가 더 할 수 있는데 못하고 있다는 아쉬움을 품고 있었다. 바깥의 시원한 칭찬을 듣고서야 나는 좀 정신을 차렸다. 너 진짜 괜찮은 선생님이야. 체력이 좀 없고 기운이 예전 같지 않아서 그렇지. 진짜 다 너만큼만 하라고 해!

지난 국어 시간에 담임선생님을 소개하는 글을 쓰도록 했더니, (누군가를 소개할 때는 그 사람이 좋아하는 것을 설명하면 된다고 배운) 우리 반 아이들은 내가 좋아하는 것이 자기들이라고 당당하게 썼다. "우리 선생님은 우리 반을 좋아한다", "선생님이 좋아하는 것은 우리이다". 나는 그 당당함이, 당연히 자신들이 내 세계의 중심일 거라고 여기는 그 믿음이 고맙고 사랑스러웠다.

고민 끝에, 내년은 휴직을 하기로 했다. 휴직을 하면 이런 아침이 그리울 것이다. 내년에 이 아이들을 데리고 3학년으로 같이 올라갈 수 있었다면 정말 좋았을 텐데. 아이들과 손을 잡고 민속춤을 추면서 생각했다.

오늘은 동우가 친구한테 존중 없이 말하고 행동해서 나한테 엄청 혼이 났다. 동우는 잘못을 진심으로 반성하고 친구에게 용서를 구했다. 쉬는 시간에 그 친구와 다시 즐겁게 놀고 있는 동우를 보며 생각했다.

'그리울 거야.'

분명히 그럴 것이다.

저학년을 가르치는 게 좋았다. 학습의 기초, 아니 어쩌면 삶의 기초를 하나씩 가르쳐주는 일이 보람 있었다. 책상에 앉을 때는 앉은 키가 가장 커지게 앉아야 한다는 것과 그렇게 하기 위해서는 두 발바닥이 단단하게 땅을 딛고 있어야 한다는 것. 다른 사람이 말할 때는 자기 말을 간직할 수 있어야 한다는 것. 그리고 자기 말을 오래 간직하고 있는 게 힘든 사람도 있으므로, 여러 사람 앞에서 말할 때는 너무 복잡하고 길게 말하지 않으려 노력해야 한다는 것. 친구들끼리 갈등이 생길 때는 어떤 마음이 들고 그런 마음은 어떻게 표출하는 게 좋은지, 친구들과는 왜 싸울 수밖에 없는지, 나도 어릴 때는 누구랑 어떻게 싸우고 어떻게 외로웠는지. (이런 이야기를 아이들은 무척 좋아했다. 선생님에게도 본인들처럼 꼬맹이였던 시절이 있었다는 게 재밌다는 표정으로 킥킥거렸다. 내 어린 시절 이야기를 들려줄 때면 매번 그런 표정을 지었다.)

하지만 나는 저학년 담임을 1년 하고서 병휴직을 낸다. 저학년을 맡았다는 게 이유의 전부는 아니다. 암 수술 이후 전반적인 체력이 약해진 것이 가장 큰 이유이고, 5년 전의 트라우마 이후로 잘 관리되고 있었으나 계절성으로 다시 생겨난 듯한 우울증 때문이기도 하다. 그래도 이런 생각을 해본다. 저학년 담임이 아니었다면 휴직까지는 안 하지 않았을까.

초등교사 발령 첫해에 멋모르고 2학년 담임을 한 후로 십수 년간 고학년을 주로 가르쳤기 때문에 저학년이 얼마나 힘이 많이 드는지, 더 정확히 말하면 인간의 기가 어떻게 그렇게 실시간으로 훅훅 빨려 나갈 수 있는지를 뒤늦게 몸소 깨달았다. 아홉 살은 눈싸움을 한번 하러 나가려 해도 각자가 입은 패딩의 지퍼를 스무 번은 올려줘야 하는 나이이다. 언제나 질문은 동시에 쏟아지며, 아이들은 자신의 질문에 바로 대답이 돌아오지 않으면 세상이 끝나는 줄 알고 필사적으로 묻고 또 묻는다(대답하는 사람의 사정이라고는 봐주지 않는 것이다). 사건 사고는 도처에서 터진다. 아이들이 다칠 가능성 역시 도처에 있고, 사실 그것이 가장 무서운 일이라, 일어날 수 있는 모든 가능성들을 관리하고 통제해야 한다는 피로감과 긴장감에서 한 틈도 벗어날 수가 없다.

좋은 수업은 교사와 학생의 컨디션, 학급 내 보이지 않는 역동과 교실의 문화, 학생들의 경험과 흥미에 적합한 수업 목표, 활동 내용의 적절성, 심지어 그날의 날씨까지 수많은 조건들이 서로 교차하며 만족되었을 때 가능하다. 당연하게도 그 수많은 조건들에는 매일 매 순간의 변수가 생긴다. 수업은 교사가 전날 새벽까지 교과 연구를 했다고 해서 잘 풀리는 것이 아닌 (그렇다고 준비를 안 할 수도 없는) 예측 불가능한 교사의 주요하고도 고유한 업무이다. 이런 복잡성, 예측 불가능성이 높은 업무를 늘 일상의 불안과 긴장을 동반한 채로 잘 수행하기란 불가능하다. 아니, 할 수도 있을 것이다. 자신의 수명을 단축시키면서 몸과 마음을 혹사시키면 조금은 가능하다고 느낄 수도 있겠다. 하지만 그런 노력도 어느 순간 한계에 부딪힌다. 결국 교사들은 예측 불가능성을 줄이려는 노력에 많은 에너지를 쓰게 된다. 다시 말하자면, 뭔가 새로운 일은 가급적 벌이지 않는 것이다. 아무리 계획을 잘 세워도 어그러지고 뜻밖의 사고가 나기도 하는 상황에서 슬프게도 이런 선택은 매우 합리적이다.

하지만 기질상, 그러니까 특별히 더 좋은 교사여서라기보다는 천성적으로 예측 불가능성을 차단하는 데 대부분의 에너지를 쓰는 일에 만족할 수 없는 교사가 있다. 나는 무엇보다 수업을 재밌게 하고 싶고, 매해 다른 아이들을 만나는 만큼 나 역시 다른 모습으로 아이들과 교감하고 싶다. 어떤 이들은 이런 내 기대치가 너무 높은 탓에 고질적인 체력 부족에 시달릴 수밖에 없는 거라고, 좀 내려놓으라고 한다. 가끔 그들의 말이 맞다고 생각할 때도 있다.

그래서 나도 나름대로 노력을 많이 했다. 사실 뭘 얼마나 어떻게 내려놓아야 하는지도 모르겠지만, 어쨌든 뭘 내려놓는 그런 방향으로 노력을 안 했다고는 할 수 없다. 하지만 올해 1년간 저학년 담임을 하면서 나는 나의 요령 없음과 내려놓지 못함이 문제가 아니라는 것을 확신하게 되었다. 교사가 한 해 동안 교실을 꾸려가는 데 필요한 절대적인 에너지는 원래부터가 높다. 교사가 그런 직종인 것이다. 필요한 체력의 절대값이 기본적으로 높고, 나는 그 높은 절대값에 한참 못 미치는 (이미 몇 해 전 바닥난) 체력으로 그 사이에서 번아웃과 무기력을 경험하는 중이다. 이것은 당연한 수순이다.

교사의 근무 환경을 직접 겪어보지 않은 사람들이 학교 정책을 결정하는 한, 교사들의 번아웃을 바로잡을 수는 없다. 그러므로 교사들은 각자 살 길을 마련해야 하고, 나로서는 그게 병휴직으로 올 한 해를 쉬어가는 것이다.

사실 12월은 행복한 순간들이 많았다. 아이들과 나는 같이 손을 잡고 민속춤을 추고, 구구단 릴레이를 하고, 영화를 보고(〈피노키오〉를 봤고 우리는 다 같이 펑펑 울었다), 눈싸움을 하고, 겨울 놀이를 하고, 노래 부르기나 수건 돌리기 같은 것을 정말이지 원없이 했다.

우리 반은 겨울방학식에서 장기자랑을 열었는데 나는 〈꿈꾸지 않으면〉을 불렀다. '가르친다는 건 희망을 노래하는 것'이라는 관념적이고 상투적인 가사가 어찌나 구체적으로 내 가슴에 닿아 박히던지. 나는 빈 교실에서 혼자 장기자랑 연습을 하다가 울었다. 가사의 내용을 1년 동안 온몸으로 겪으면서 배운 느낌이다.

학기말이 행복하고 충만해서 하마터면 휴직을 안 낼 뻔하기도 했다. 하지만 나는 앞길을 길게 보고, 쉬어가는 일을 게을리하지 않으려고 한다. 예측 불가능함을 여유롭게 수용하며, 내 앞에 있는 아이들을 오롯이 집중해서 바라보고 아주 작은 것들을 주고받는 교사가 되기를 바라기 때문이다. 그런 교육을 아주 오랫동안 해나가고 싶기 때문이다.

일 년이라는 긴 시간을
함께한 선생님께

 채연이에게 긴 편지를 받았다. 담임으로서 힘든 아이였다. 채연이는 가끔, 아니 자주 폭발했다. 자기 마음처럼 일이 풀리지 않으면 소리를 지르고, 발을 구르고, 물건을 던지거나 발로 찼다. 꾹꾹 눌러 담은 화가 어떤 사소한 일에 별안간 스스로 제어가 안 될 만큼 터져 나오는 것 같았다.

 화가 나지 않은 상태의 채연이는 의욕적이고 성실하고 따뜻했다. 나는 그런 채연이를 믿고, 화가 났을 때의 채연이도 응원하기로 했다. 일과 후에 상담도 여러 차례 했는데, 수업 시간에 나머지 학생들에게 자율학습을 시키고 상담을 해야 할 때도 있었다(이럴 때 마음이 얼마나 조마조마한지 모른다. 반 아이들을 교실에 둔 채로, 화가 나서 스스로를 어쩌지 못하는 아이와 다른 교실에서 상담을 하는 마음이 말이다. 긴장과 불안을 그러안은 채 얼마간의 위험부담을 안고서 상담을 할 수밖에 없다. 이런 불가피하고 어려운 상황에 교사와 수업을 지원하는 지원책이 학교에 전혀 없다는 걸 생각하면 나는 화가 났을 때의 채연이처럼, 아니 그보다 더 크게 폭발하고 싶은 심정이다.)

가끔은 그냥 안아줬다. 눈이 마주치면 "너를 정말 사랑해", "네가 어떤 모습이든 너는 최고야" 하고 눈으로 말을 걸었다. 채연이는 영리한 아이여서 내가 자신을 얼마나 믿고 지지하는지 다 읽어냈다. 점점 얼굴빛이 편안해졌다.

반 아이들과도 채연이가 갑자기 화를 낼 때 어떻게 대응하는 게 좋은지 종종 이야기를 나누며 일종의 매뉴얼을 만들었다. 아주 작은 말로도 채연이를 크게 자극할 수 있어 우리는 대체로 말없이 기다리는 방법을 택했는데, 동우가 간혹 참지 못하고 불꽃이 이글거리는 채연이에게 기름을 부었다. 동우는 동우대로 그런 상황에서 스스로를 제어하지 못하는 마음의 사정이 있다.

화가 가라앉은 채연이가 언제 그랬냐는 듯 다시 반짝이고 의욕과 사랑이 넘치는 모습으로 돌아오면 나는 그런 채연이와 둘이서 차분히 방금 전의 상황을 복기하며, 다음에 똑같은 상황이 되면 어떻게 행동하면 좋을지 상상하고 연습하는 시간을 가졌다.

채연이는 차츰 폭발하는 횟수가 줄어들었다. 폭발을 하더라도 지속 시간이 아주 짧아졌다. 아이의 성장은 교사에게는 기쁨이 된다. 채연이는 나의 기쁨이었다.

내일 종업식이다. 아마도 울지 않을 도리가 없겠다.

TO. 1년이라는 긴 시간을 함께 한 선생님께.

안녕하세요? 선생님! 저 2-2반 ●●●
이에요. 곧 있으면 우리가 3학년이라
선생님과 함께 한 시간이 얼마 안 남았
어요.. 1년동안 선생님과 많은걸 배웠
어요. 고정관념도 배우고, 동물의 대한 존중도,
식물이 우리 집에있다고도 배우고요! 1년
동안 따뜻한 마음속에서 뛰어놀고 정말
좋았어요! 의견이 안 맞아 싸우기도 하고
친구가 전학가 슬프기도 하고 우리가
슬프고 힘들고 화날때도 항상 2-2반이랑
같이 해왔어요! 다시 한번 선생님께 감사
하구요! 앞으로 더욱더 힘찬 2-2반이
되어 주세요! 우리가 그리 우쎄도 선생님
옆에는 아이들이 있잖아요! 저희도

남겨주세요!

언젠간 선생님을 마주칠수 있잖아요!
애기 같이 투정 부리는 저를 이렇게
변화 시킬수 있었는건 선생님 께서
알려 주시고 가르쳐 주셔서 멋진
2-2반이 될수 있었어요! 선생님 항상
건강 하시고 행복하고 알찬 나날이
됐으면 좋겠어요! 선생님 사랑해요♡

선생님

사랑해요!

♡

어떻게 교사의 마음을 지킬까

2023년 휴직

도망가고 싶으면서도 나는 돌아가고 싶었다.
다 내려놓고 싶으면서도 교실에서만 느끼고
경험할 수 있는 그 고단함이 몹시 그리웠다.

휴직의 진짜 이유

〈PD수첩〉에서 한 교사가 악성 민원으로 괴롭힘을 당하고 심지어는 아동학대로 고발된 사건을 다루었다. 방송을 보며 나는 내가 휴직을 한 이유를 비로소 납득했다. 수년간 트라우마성 우울증을 겪어내고 관리하느라 몸과 마음이 소진되었다는 건 표면적인 이유였다. 마음 깊은 곳에서는 내 선택을 나 스스로도 다 이해하지 못했다. 내가 진짜로 원하는 건 휴직이 아니라는 걸 알고 있었기 때문이다. 힘에 부쳐도 아이들과 함께 있는 것이 좋았다.

2017년의 일이니 벌써 5년이 지났다. 학교에 페미니즘이 필요하다고 말하는 교사에게 많은 사람들이 증오심과 분노를 표출했다. 동성애를 조장한다고, 극단적인 여성우월주의와 남성 혐오를 학생들에게 주입한다고도 했다. 교실에서 학생들과 내가 어떻게 만나는지 전혀 알지 못하는 사람들이, 자신의 무지에 기대어 할 수 있는 모든 폭력을 가했다. 온라인에서는 인신공격과 신상 털기, 욕설이 난무했고, 학교와 교육청 앞에는 연일 사람들이 모여 '최현희 교사를 파면하라'고 쓴 커다란 피켓과 현수막을 흔들어댔다. 내 강연 도중에 벌떡 일어나 조선일보 기사를 큰 소리로 읽던 중년의 남성도 있었는데, 주변의 저지에도 끝까지 기사를 읽은 그는 제정신을 가진 교사라면 어떻게 이딴 교육을 하느냐고 소리를 지르더니 강연장을 박차고 나갔다. 조선일보는 내가 제기한 소송에서 패소하여 손해배상금을 지급했고 왜곡 보도를 정정하는 기사를 실었지만 판결까지는 3년이 걸렸다. 그 남성이 정정 기사를 봤을지는 모르겠다.

어떻게 그 시간을 그렇게 꿋꿋이 버텼을까. 어쩌면 너무 꿋꿋했다는 게 문제였는지도 모른다. 아프려면 차라리 그때 아파야 했다. 나는 그 많은 일이 일어나던 순간에 꿋꿋이 버티다가, 사건이 일단락되었다고 나를 포함한 모두가 믿게 되었을 때, 아프기 시작했다. 얼마나 아파야 보통의 '정상적인' 삶을 되찾을지 알 수가 없었는데, 너무 오래 아프고 있다는 감각만이 끈질기게 나를 따라다녔다. 이제는 괜찮아져야 해. 이제는 한 걸음 앞으로 나아가야 해.

채근하듯 회복하여 복직을 준비할 때 암 진단을 받았다. 현명한 몸이었다. 아직 때가 아니라고, 자신을 돌보고 스스로에게 너그러워지는 법을 더 배워야 한다고 말하는 듯했다. 나는 항복하듯 몸의 말을 들었다. 1년을 더 쉬고 학교에 돌아왔을 때 나는 내가 여전히 학교에서 아이들을 만나는 일을 좋아한다는 걸 확인하고 안심했다. 큰일을 겪어내고 오래 아팠지만 교사의 마음을 지켰다는 게 기뻤다. 더러 힘에 부쳤지만 감사한 한 해였다.

왜 다시 휴직을 하려고 드는지 스스로 이해할 수 없었다. 좋은 순간들을 바라보면서 앞으로 나아갈 수는 없을까, 내 선택을 돌이키고 싶어 스스로에게 묻고 또 물었다. 하지만 결심은 이성보다는 본능의 영역에서 이미 내려졌다. 이건 선택이라기보다는 내몰림에 가까웠다.

방송을 보면서 무엇이 나를 멈춰 서게 했는지 분명해졌다. 나는 내 일을 너무 좋아하고 사랑해서 두려운 것이다. 열의를 내려놓을 수 있다면 휴직까지는 필요 없었을지도 모른다. 욕심을 버리고 기대치를 낮추려고 노력해보기도 했지만, 뭘 내려놓자는 노력 같은 것은 이제 지긋지긋하다. 나는 한껏 열심히 가르치고 싶다. 온 마음과 정성을 다해 아이들과 만나고 싶다. 하지만 마음껏 열심을 내는 일은 단지 교사의 체력을 소진하고 말고의 문제에서 끝나는 일이 아니다. 교사의 직업과 삶을 끝장낼 수도 있는 일이다. 그 위험을 감수하고 열심을 내는 게 맞는 걸까.

2017년 이후로 반복해서 꾸는 꿈이 있다. 상황은 달라도 패턴은 비슷하다. 내가 교실에서 수업을 하고 있다. 아이들과 웃으며 대화를 나누고 즐겁게 노래도 부른다. 갑자기 복도와 운동장이 소란하다. 사람들이 교실로 몰려든다.

그런 수업은 하면 안 된다고, 당장 집어치우라고 소리를 질러 교실이 아수라장이 된다. 누가 도와줄까 싶어 기다릴 때 동료 교사들이 나타나는데, 간혹 함께 맞서기도 하지만 대부분은 싸늘한 표정으로 상황을 관망하기만 한다. 여기까지는 꿈속의 나도 제법 의연하다. 워낙 반복되는 꿈이라서 꿈속의 나도 이골이 난 것처럼 보인다. 그러나 가끔, 아주 가끔 꿈은 잔혹해진다. 아이들의 표정이 냉랭해지고, 내가 아무리 말을 걸어도 아이들의 귀에 내 목소리가 닿지 않는다. 아이들이 점점 멀어지고 하나둘 사라진다.

식은땀을 흘리며 꿈에서 깰 때마다 내가 진정으로 두려워하는 것이 무엇인지 깨닫곤 했다. 아무것도 모르는 사람들이 나를 아무렇게나 비방하고 공격하는 것은 귀찮고 괴로울지언정 두려워할 만한 일은 아니다. 내가 두려운 것은 학생과의 연결이 끊어지는 것이다. 학생들과 마음으로 연결되어 만나지 못하게 될까 봐, 교직은 유지하면서 교사의 마음을 잃을까 두렵다.

교사에게 가르치는 일을 포기하라고 온 사회가 부추기는 듯하다. 이 속에서 어떻게 교사의 마음을 지킬까. 어떻게 열의와 사랑을 간직한 채로 학생들을 만날 수 있을까. 차라리 다 그만두는 게 나을까. 그게 나를 지키는 일일까.

올해 너무 좋았어서, 내 마음을 지켜냈음을 증명한 한 해였어서, 나는 휴직을 했다. 이 마음을 계속 품고서 앞으로 나아간다는 건 좀 무서운 일이다. 이 마음을 교직을 떠나는 날까지 지키고 싶은데, 방법을 모르겠다. 길이 없는 것만 같다. 휴직의 이유는 체력 소진보다는 두려움이었다는 걸 이제야 알겠다.

언제까지나 두렵지는 않을 것이다. 두려움을 안고서도 용기를 내는 법을 차차 배울 수도 있을 것이다. 지금은 두려움을 있는 그대로 인정하고 바라보기로 한다.

눈물

 밤 11시 반. 잠든 별이 곁에 누웠다가 눈물이 가득한 얼굴을 하고 다시 일어났다.

 요즘 자주 운다. 정신과 주치의와 긴 상담을 하며 나에게 별이를 향한 해결되지 않은 감정들이 있다는 것을 알았다. 5년 전 그 일을 겪어내는 동안 별이의 한 시절을 놓쳤다는 상실감이 뒤늦게 찾아온 것이다. 찾아왔다기보다 내 안에 계속 도사리고 있었다는 표현이 더 정확하겠다. 몸과 마음이 어느 정도 회복한 후에야 이제야 제 차례가 되었다고 자신을 드러낸 문제였다. 지금보다 훨씬 작고 어렸을 별이의 모습을 떠올리는 걸 멈출 수가 없다. 별이의 어린 시절을, 다시 오지 않을 한 시절을 생각하면 마음이 아파서 눈물이 난다.

 휴직을 하지 말걸, 후회하기도 한다. 휴직을 하지 않았다면 이렇게 바닥까지 내려가지는 않았을지 모른다. 몸이 힘들어도 학교에 규칙적으로 출근해서 아이들과 만났다면, 마음 깊은 곳에 도사리고 있던 회한과 후회 같은 것은 마주하지 않아도 되었을 것이다.

주치의는 계절성 우울증의 영향도 있다고 했다. 5년간 정신과 진료를 꾸준히 받았더니 나에게 계절이 바뀔 때마다 상태가 나빠지는 패턴이 있다는 걸 알게 되었다. 봄이 올 듯하면서 오지 않는다. 연일 날이 흐리고 바람이 차다.

내 상태가 조금 심각하다는 것을 감지한 주변 사람들에게서 계속 연락이 온다. 괜찮냐고 묻고, 밥 먹자고 하고, 산에 오르자고도 한다. 내 곁에는 좋은 사람들이 있다. 언제나 그랬다. 널뛰는 감정으로도 분별할 수 있을 만큼의 분명한 진실이다. 하지만 약해진 마음은 자꾸 스스로를 고립시킨다. 세상에 아무도 없는 것 같다. 망망대해에 혼자인 것 같다. 한밤중 깊은 산에서 혼자 길을 잃은 것 같다.

오늘은 별이 피아노 학원이 끝나는 시간에 맞춰 농구공을 챙겨 별이를 기다렸다. 우리는 농구 코트에서 한 시간 동안 땀을 흘리며 농구를 했다. 즐겁고 행복한 시간이었지만 나는 웃으면서도 내내 슬펐다. 속울음. 그런 게 있다는 걸 이제야 알았다. 별이 앞에서는 울 수 없으니까 속으로 울어야 한다.

새벽 1시. 이 많은 눈물이 어디에서 오는지, 대체 이게 다 뭔지 글을 쓰면 알 수 있을 것 같았는데 여전히 모르는 채로 글을 마친다. 그래도 뭔가를 글로 뱉어냈다는 게 안심이 된다.

새 길

 아침에 눈을 떠서 밤에 잠이 들 때까지 몸을 바쁘게 움직인다. 가만히 있으면 자꾸만 살고 싶지 않고 이대로 사라지고 싶다는 생각이 올라와서 그렇다. 청소기를 돌리고 책장을 정리하다가 어느 정도 정리가 되었다 싶을 때 분량이 다 찬 눈물이 흘러나온다. 입맛이 전혀 없는데도 때가 되면 허기가 진다. 울더라도 먹으면서 울어야겠다고 생각하며 손이 하는 일을 바라보는 심경으로 밥상을 차렸다. 그러고도 도저히 숟가락이 들어지지 않아 밥상을 한참 쳐다보다가 얼마 전 산에 같이 가자고 연락이 왔던 동네 친구 상희가 떠올라 전화를 걸었다. 상희는 냉동실의 치킨을 돌려 맥주를 마시고 있다고 했다. 우리는 서로 밥을 다 먹을 때까지 통화를 하기로 했다. 상희 역시 힘든 우울증 시기를 지나왔다. 내가 어떤 시기를 거치는지 가슴으로 이해하고 함께해주는 사람이 있다는 게 사무치게 고맙고 힘이 된다. 언젠가 나도 누군가에게 그런 존재일 수 있을까. 상희가 힘들게 겪어낸 시절에 빚을 지는 기분으로 상희의 말을 마음에 차곡차곡 곳간에 곡식을 쌓듯이 담아낸다. 그 모든 이야기가 내가 밥을 꼭꼭 씹어 삼키고 소화할 수 있게 돕는다.

"활동가로 살면서 내 선택을 후회하고, 내가 왜 이런 길을 택했나, 나 하나도 간수를 못하면서 무슨 세상을 바꾸겠다고 그렇게 살았나 했어요. 많이 불안해서 어느 날은 30분마다 한 번씩 잠에서 깨곤 했어요. 그런데 그 시간이 다 지나니 그렇게 내가 선택하고 지나온 길들이 지금의 나를 풍성하게 해준 것도 맞더라고요. 세상이 부조리하고 그 모든 것에 내가 일조하고 복무하는 것 같아서 죄책감을 느끼던 시절이 있었고, 그렇게 깨닫고 실천하는 시기가 일정 부분은 필요하기도 했다고 생각해요. 하지만 어떤 시절을 치열하게 보낸 만큼 이제는 나 하나를 편안하게 보살피는 일에도 최선을 다하고 싶어요. 내가 아프고 힘든 건 세상에도 하나도 도움이 안 되잖아요."

그리고 시를 읽어줬다. '젊을 때 나는 영리해서 세상을 바꾸려 했고, 지금의 나는 현명해서 나를 바꾸려 한다'는 내용의 시였다.

나는 지금 나를 바꾸는 중일까. 그런 과정은 충분히 겪어냈다고 믿었는데 부족했던 걸까. 힘들었던 시간과 회복의 과정은 책이 되어 나왔다. 무려 제목이 『다시 내가 되는 길에서』였다. 나는 그때의 내가 무척 마음에 들었다. 이제 이렇게 앞으로 나아가면 되겠구나 했다. 그러니 지금의 이 우울이 사무치게 어리둥절하다. 이건 또 뭐야, '다시 내가 된' 것 아니었어?

사는 일에 어느 정도 요령이 붙었다고 믿었는데 돌연 자신이 없고 삶이 낯설게만 느껴진다. 지난 시절의 무언가를 끈질기게 그리워하고 자꾸 뒤를 돌아보게 되지만 거기로는 길이 없다는 걸 안다. 여기서 새 길을 내는 수밖에 없다. 지금의 낯섦과 두려움, 막막함을 그리워하게 될 날도 올 것이다.

휴직연장신청

 휴직연장신청을 하러 학교에 갔다. 이메일로 보내도 되는데 무더운 여름날 굳이 땀을 흘리며 걸어갔다. 느긋하게 아침을 먹고 학교에 도착하니 1시 반. 아이들 하교 시간이다. 작년 우리 반 아이들을 만날 수도 있다. 건물에서 나오는 많은 아이들 가운데 익숙한 얼굴을 찾느라 눈이 바빠진다.
 조금 더 일찍 올걸, 벌써 다 가버린건 아닐까. 마음이 조급해지면서 발걸음도 빨라지는데 저만치서 채연이가 달려온다. 둘 사이에 있는 주차장 기둥에 가려 잠깐 사라졌던 채연이는 순식간에 내 앞에 번쩍 하고 나타나 기세좋게 팔을 활짝 벌리고 달려들었다.
 "아이고, 우리 채연이를 보네. 아이고 좋아라. 아이고 잘 지냈어? 아이고."
 나는 왜인지 자꾸 '아이고'라고 말하게 된다. 채연이는 내가 눈앞에 있는 게 믿기지 않는다는 듯 나를 안았다가,

다시 고개를 들어 쳐다봤다가, 다시 안기를 반복하며 "선생니임"을 열두 번쯤 부른 후에 나를 놓아주었다.

서두르면 더 만날 수 있겠다! 교무실 대신 곧장 3학년 교실이 있는 3층으로 올라가려다 1층 복도에서 동우를 만났다. 두 계절 만에 키가 두 뼘 더 큰 동우는 복도를 뛰어가다 나를 발견하고 급정거한 후 되돌아왔다.

선생님, 4학년 때 올 거예요? 선생님 보고 싶었어요!

역시 동우다. '안녕하세요'라거나 '잘 지내셨어요' 같은 건 없다. 자기가 궁금한 게 제일 중요하다.
"응. 올 거야. 당연히 오지."

아싸!

"아싸"라고 말할 때의 그 표정. 행복함이 얼굴에 고루 퍼지는 동우만의 표정. 오랜만이다.

꼭 4학년으로 와요.

장담할 수 없으니 그저 웃어 보이는 나를 동우는 애타게 바라보며 재차 묻는다.

네? 네? 4학년으로 올 거예요? 네? 네?

역시 동우다. 대답을 듣지 않으면 물러서지 않지.
"그건 선생님이 정하는 게 아니라 어떻게 될지 몰라. 근데 학교 오긴 올 거야. 잘 지내다가 우리 또 만나자?"
동우는 내 인사는 안 받아주고 4학년으로 오라는 말을 다섯 번쯤 더 한 후에 제 갈 길을 갔다.

와 선생님이다!!!

나도 열심히 눈으로 찾고 있었는데, 아이들은 그 사이에 많이 타고 크고 단단해져 있어서 상대적으로 변한 게 없는 내가 먼저 발견되었다. 그렇게 순식간에 아이들에게 둘러싸였다. 가장 먼저 눈이 마주친 승우와 내가 꼬옥 포옹을 하고 있는데 이든이가 그걸 조용히 보고 있다가 "선생님 저도 안아주세요" 한다. 이든이는 그런 아이였다. 안아 달라는 말을 당당하고 편안하게 하는. 나는 늘 그걸 배우고 싶었다.
"그럼 그럼, 이리 와. 잘 지냈어?"
번호표 뽑은 듯 순서를 기다리는 아이들을 차례대로 안아주며 인사를 나눈다. 승우는 계단을 돌아 내려가다가 다시 멈춰서 나를 한 번 올려다보고, 두세 계단 내려가다가 다시 멈춰서 또 올려다본다. 활짝 웃는 승우의 입에서

치아교정기가 반짝 하고 빛났다.

한 무리의 아이들과 헤어지고 한 층 더 올라가는 계단참에서 지훈이를 마주쳤다. 깜짝 놀란 지훈이의 얼굴이 갑자기 일그러지더니 눈에서 눈물방울이 툭툭 떨어졌다.

선생님! 진짜 선생님이에요? 보고 싶었어요. 선생님 언제 와요?

나도 눈물이 난다. 아니 무슨 열 살이 그리운 사람을 만났다고 이리 서럽게 눈물을 쏟나 싶어서. 힘든 마음을 이고 사느라 그럴 테다. 힘들 때는 그렇다. 보고 싶던 사람을 만나면 눈물이 난다. 어른도 아이도 다 그렇다. 지훈이는 교사를 무척 힘들고 고되게 하는 학생이다. 나에게도 쉽지 않았지만 가장 힘든 건 본인일 것이다. 지훈이와 눈물의 인사를 나누고 헤어져 3층에 도착하니 하교 시간이 한참 지난 복도가 휑하다. 아쉽고 궁금한 마음에 교실들을 기웃기웃하는데 교실에서 방과후 보충 공부를 하던 수아와 가은이가 나를 발견하고 복도로 뛰쳐 나왔다.

선생님 왜 왔어요?

일이 있어서 왔다고 답하니 "오예 오예 오예" 하면서

점프를 한다. 아직도 그렇게 높이 뛰는구나. 근데 내가 일이 있다는 게 이렇게 신날 일인가.

"아이고, 많이 컸네. 3학년 공부 안 힘들어? 6교시는 할 만해?"

안았다가 얼굴을 봤다가, 다시 안았다가 얼굴을 봤다가의 반복. 등을 쓸어보고 머리를 쓰다듬어보고 볼을 살짝 톡톡이고의 반복. 그냥 서로 마주 보고 웃는 일의 반복.

그 사이 복도는 더 조용해졌다. 더는 만날 아이들이 없겠다 싶어 미련 없이 휴직 신청 서류를 들고 교무실로 향했다. 오랜만에 동료들과도 인사를 나누고 싶었지만 아이들과 반가워하는 데 에너지를 많이 쓰기도 했고, 아이들에게 받은 에너지를 간직하고도 싶어서 서류만 제출하고 학교를 빠져나왔다.

운동장 가장자리에 서서 학교를 가만히 다시 보았다. 나는 여기가 좋다. 어쩔 수 없다. 오래 있을 수 있는 방법을 찾아야겠다. 소진되고 지치면서도 나는 여기서 자주 행복했다는 걸, 인정할 수밖에 없다.

참담한 희망

　서이초 사건 이후로 잇따르는 교사의 자살 보도를 보면서 억장이 무너져 내린다. 아침에 일어나면 울음을 삼키고 별일 없이 있다가도 돌연 눈과 목이 뜨거워진다. 뜨거워진 목구멍을 느낄 때마다 함께 삼켜지는 이야기들이 있다. 교사라면 누구나 해마다 혼자 쌓아 올렸을, 무겁고 어두운 벽돌 같은 교실의 이야기들. 그중 하나를 풀어볼까 한다.

　6학년 담임이었고 그해 우리 반에는 동연이가 있었다. 많은 교사들이 각자의 교직 생활 동안 가장 힘들었던 아이를 꼽아보곤 할 것이다. 가장 힘들었던 아이는 어떤 기준점이 된다. 새로운 해에 또 다른 난관을 만나면 가장 힘들었던 아이와 견주어보며 희망을 찾거나('그래도 물건을 던지지는 않네', '수업 중에 소리를 지르지는 않는구나') 혹은 가장 힘든 아이의 순위를 변동하고 '네가 나의 새로운 기준점이 되겠구나' 하고 각오를 다진다.

동연이는 새로운 기준점이었다. 열악한 환경의 학교에서 교직 생활을 시작해 힘든 아이들을 많이 만났다고 생각했는데 이건 새로운 차원이었다. 동연이는 어른에 대한 적개심이 엄청났다. 교사에게 무조건적으로 반항하는 것과 달리 또래 친구들의 마음을 얻고자 적잖은 노력과 품을 들였다. 영리한 아이였고, 친구들 사이에서는 늘 우두머리 역할을 했다.

동연이는 친구들과 웃고 떠들다가도 교사가 다가서면 순식간에 정색하고 경계 태세를 갖추었다. 수업 시간에는 "됐어요", "싫은데요", "왜요", "뭐가요" 같은 말을 반복했고, 경멸 어린 표정으로 교사를 노려보곤 했다. 그런 상황에서 대부분의 아이들은 어쩔 줄 몰라 하는 표정을 지었지만, 몇몇은 뭔가 일이 벌어질 것 같아 흥미로워하는 표정을 감추지 못했다. 동연이의 행동과 말은 동연이의 것만이 아니었다. 교실은 매일 분열되고 동요되었다.

당시 교직 7년 차였던 나는 방학마다 연수를 다니며 다양한 교수 기법과 학급살이 아이디어를 배워 선물 보따리를 가득 채워둔 산타처럼 개학을 맞이했다. 학생들과 해보고 싶은 게 너무나도 많았는데, 그 무렵에는 협력학습 기법에 심취해 있었고, 그것만 있으면 아름다운 학급 문화와 즐거운 수업이 가능하겠다는 당찬 포부와 야심이 있었다.

하지만 내가 배운 방식은 동연이가 있는 교실에서는

적용할 수 없었다. 교육에는 매뉴얼이 없다는 걸 그해에 절절히 배웠다. 어떤 교사가 이 교실에서 멋지게 해낸 특정 교육 방법이 저 교실에서는 전혀 무용할 수 있다는 깨달음. 교사는 자기가 가진 선물 보따리를 무작정 펼쳐놓기보다는, 각각의 고유한 사연을 가진 아이들과 그 아이들이 만들어낸 지금 여기의 교실에서 작게 작게 시작해야 한다는 걸 배웠다. 아주 혹독하게 배웠다.

3월부터 5월은 동연이가 흐트러놓은 교실을 수습하는 것만으로 근근이 흘러갔다. 다른 학생들을 위해 평정심을 유지하려고 애를 쓰는 것만으로 충분했을 텐데(지금이라면 그렇게 할 것이다. 거기서 더 애쓰지 않을 것이다) 나는 협력학습에 대한 미련을 버리지 못해 모둠활동을 꾸역꾸역 했다. 동연이가 없었다면 이 모든 활동이 얼마나 더 즐겁고 발전적이었을까, 내색은 안 했지만 속으로 원망하면서.

초임 때부터 아이들과 늘 해오던 연극 놀이도 매주 꾸역꾸역 했다. 동연이라는 존재가 교실에 드리운 상태로는 편안하고 안정적인 진행은 어려울 수밖에 없었다. 연극 놀이는 마음이 닫힌 채로는 할 수 없는 활동이다. 공동의 상상력에 동참하여 허공을 보고 놀라고, 덥지 않은데 부채질을 해야 한다. 동연이가 그걸 했겠나. 동연이는 즐겁게 노는 친구들을 원망하고 노려보는 일을 주로 했다.

일이 터진 건 6월쯤이었다. 어느 날 복도가 소란했다.

"우리는 교장실에 갈 거야! 교장 선생님에게 말할 거야! 항의하러 갈 거야! 담임을 바꿔 달라고 할 거야."

동연이는 우리 반 남학생들 한 무리를 이끌고 맨앞에서 소리를 쳤다. 충격을 받았던 것인지 아무리 애를 써도 그때의 일이 구체적으로 떠오르지 않는데, 복도에서 보았던 재호의 눈빛만큼은 선명하다. 동연이를 따르는 아이들은 각각의 문제와 상처가 있었다. 동연이는 그런 아이들의 취약한 부분을 건드려 이용할 줄 알았다. 재호는 그중 한 명이었다. 그리고 그날은 동연이 곁에 선 채 나를 슬며시 바라보며 눈으로 말하고 있었다. '선생님 저는 이거 하고 싶지 않아요.'

그 뒤로 사건이 어떻게 전개되었는지는 정말 감쪽같이 내 기억에서 도려내졌다. 나머지 아이들이 말렸던 것도 같고, 그래서 결국 교장실까지는 안 갔던 것도 같고. 아니, 교장실에 가서 교장 선생님이 다시 아이들을 교실로 돌려보냈던가.

사건은 보호자들에게도 알려졌다. 그해의 힘든 보호자, 일명 '진상 보호자'는 수영의 어머니였다. 내 교육 활동에 불신과 적대감을 공공연히 표현하곤 했다. 6학년이면 공부를 더 시켜야지 연극 놀이나 모둠 활동같은 걸 한다고 불만이 많았다. 채연이는 공부를 잘하지만 이기적인 아이였다. 바꿔 말하면 협력학습이나 교실 놀이의 가장 큰 수

혜자였다는 뜻이다. 채연이는 놀이를 하면서 자신에게 가장 필요한 공부를 하고 있었지만 채연 어머니만 그걸 알지 못했다. 그는 옳다구나 하고 소요의 바통을 이어받았다. 다행히 호응하는 보호자들이 없었고, 사건은 흐지부지되어 담임을 교체하는 일은 일어나지 않았다.

교실에서는 동연이의 행동에 반발하는 여론이 지배적으로 형성되었다. 몇몇 남학생이 분명하게 동연이에게 등을 돌리자 동연이는 그 이후로 한동안 교실에서 위축되어 지냈다. 그 틈에 나는 동연이에게 다가갈 수 있었다. 나쁜 일이 가져온 의외의 좋은 기회였다.

동연이와 나는 자주 상담을 했다. 뭔가 통할 듯하다가도 다시 뒷걸음질을 치며 내 진을 다 빼놓는 날의 연속이었다. 수업 중에 교실 문을 박차고 뛰쳐나가기도 하고, 소심한 친구한테 화풀이를 하거나, 마음의 힘이 약한 친구의 열등감을 건드려 그 친구를 끝내 폭발시켜놓고는 혼자 낄낄 웃기도 했다. 그런 날은 퇴근하고 집에 와서도 잠을 못 잤다. 그 작은 아이의 비열한 행동을 보는 게, 그걸 보고도 아무것도 할 수 없는 게 화가 나고 답답해서. 내일 같은 교실로 혼자 걸어 들어가 그 모든 걸 다시 마주해야 한다는 게 막막해서.

동연이의 경계와 적대의 눈빛이 완전히 사라지고, 수업 활동을 위한 기본적인 지시를 따르고, 때로 나와 농담까지

주고받을 수 있게 된 건 11월이었다. 봄에 만났는데 겨울 외투를 꺼낼 때쯤 되어서야. 그땐 '동연이가 마음을 열었어!' 하고 감동할 힘도 남아 있지 않았다. 이제야 뭘 해도 하겠구나 싶은데 나는 이미 완전히 녹초가 되어 있었다.

서이초 사건을 보며 그해가 떠오른 건 녹초가 되었을지언정 나에게는 시간과 기회가 있었다는 깨달음 때문이다. 3월부터 10월까지, 나에게는 시간이 있었다. 교육은 하루아침에 되지 않는다. 1년 내내 고생해도 안 될 수도 있다. 동연이가 끝내 나를 노려만 보다가 중학교로 갔을 수도 있다. 그저 기다리고 인내하고 기회를 주고, 지켜보고 손을 내밀고 좋은 환경이 되어주는 것. 그게 교육의 전부이다. 그러면 그 안에서 아이는 결국 자란다. 속도는 중요하지 않다. 십수 년의 교직 생활에서 내가 믿는 건 그뿐이다. 사람은 누구나 좀 더 나은 사람이 되고 싶어 한다는 것.

그 시간이 주어지지 않았다. 교사로서 견디고, 버티고, 시도하고, 지치고, 화내고, 실망해볼 시간과 기회조차 주어지지 않았다. 도와주지 못할 거면 시간이라도 줬어야지. 시간과 기다림은 교육의 기본이자 전부인데 그걸 갖질 못하고 가셨다. 그 아이 정말 역대급이었어. 진짜 힘들었지. 그래도 11월쯤 되니까 좀 누그러지더라고. 이런 이야기로 끝날 수도 있었다.

그렇다고 교사가 무조건 견디며 힘든 학생을 품어야 한다는 것은 아니다. 나는 이 글이 혹여라도 교사가 '노오

력'하여 힘든 아이를 바르게 이끌었던 이야기로 전달되는 건 아닌가 염려하며 쓰고 있다. 그런 노력은 교사를 조금씩 죽인다. 나는 교사 한 사람이 혼자 감당해서는 안 되는 학생을 내 교실에서 혼자 감당하며 한 해 한 해 지치고 깎여왔다. 지금 거리에 나선 수십만 명의 교사들도 그렇게 지치고 깎여왔다. 지치고 깎일지언정 시간이라도 달라고 거리로 쏟아져 나오는 것이다. 참담하다.

2017년 이후 나 역시 교사로서의 생기와 에너지, 열정을 많이 상실했다. 어떤 영역에서는 회복이 불가능하다고도 느낀다. 6년째 병휴직과 복직을 반복하며 교직을 유지하고 있다. 그나마 운이 좋아서 여기다.

동연이는 다음 해 스승의 날에 초코파이를 가지고 찾아왔다. 초코파이에 초를 붙이고 나에게 불어보라고 웃으며 말하던 동연이는 처음 만났던 때와는 전혀 다른 사람이었다. 그 뒤로 힘든 아이를 만날 때마다 동연이를 떠올렸다. 동연이도 1년 가르쳤는데 아이고 이 정도는 귀엽다, 하고 생각하곤 했다.

힘든 아이에게는 시간이 필요하다. 아이 곁에 서서 굳건히 버티고 기다려주는 교사가 필요하다. 그러니 죽을 힘을 다해 버티고 기다리고 있는 교사를 흔들지는 말아야 한다. 돕지는 않을망정 악성 민원, 진상 보호자 하나 막아서지 못해 교사를 죽음으로 몰지는 않아야 한다.

그렇게 한번 흔들리고 나면 교직에 대한 회의와 냉소를 떨치고 다시 교사의 마음을 되찾기까지 한참 애를 써야 한다. 영영 되찾지 못할 수도 있다. 나는 어느 순간부터 교사의 마음을 내려놓은 것처럼 보이는 동료를 비판하는 일을 그만두었다. 그럴 만하다고 혼자 중얼거리는 일이 많아졌다.

변해야 한다는 것을, 이대로는 안 된다는 것을 사실 모두가 알고 있었다. 교실에서 혼자 외롭게 애쓰던 교사들이 거리로 쏟아져 나오는 걸 보는 마음은 참담한 희망이다. 먼저 떠나신 동료를 추모하고 애도하며 참담한 희망을 품는다. 한 걸음, 반걸음이라도 앞으로 나아가기를. 부디 이 죽음이 헛되지 않기를. 그리고 더는 죽지 않기를.

내 아이의 선생님

오늘 별이 공개수업이 있어 기쁜 마음으로 별이의 학교에 갔다. 교실 안의 별이를 볼 생각에 설레고, 그 자리에서는 내가 교사가 아니라는 사실에 홀가분했다. 그랬던 마음이 수업을 보는 사이 점점 복잡하고 묵직해진다.

아마 그리움이었던 것 같다. 쉬는 시간에 담임선생님이 틀어준 학급 활동 영상을 보려고 교실 앞쪽으로 옹기종기 모여 선 아이들의 뒷모습에 갑자기 울컥했다. 나도 늘 저 사이에 있었는데. 밖에서 보면 저런 모습이구나. 쉬는 시간이면 아이들은 (심지어 수업 시간에는 말 한마디 없던 아이도) 뭔가 할 말을 가지고 내 책상 주변으로 모여들었다. 그런 시간이 좋았던가. 그저 익숙하고 무감해졌던가. 고단했던가.

여기서 보니 알겠다. 나는 저 속에 있고 싶구나. 저기가 내 자리라고 느끼는구나. 떠나 보면 확실히 알게 된다.

수업은 수학 분수 단원을 새로 시작하는 도입 차시였다. 교사는 전 학년에서 배운 분수의 개념을 학생들이 다시 떠올리고 새로 배울 내용과 연결지을 수 있도록 내내 침착하고 다정하게 수업을 이끌었다. 괜찮아. 생각이 안 날 수도 있어. 그렇지. 맞아 맞아. 그걸 떠올리다니 공부를 열심히 했구나. 격려와 지지의 말. 그리고 학생들과 호흡이 맞아야 생겨날 수 있는 유머. 교실은 생기가 있었고 동시에 매우 골똘했다.

교과서를 펼치지 않은 수업이었다. 교과서의 흐름보다 선생님의 흐름이 훨씬 더 아이들과 닿아 있었다. 당연하다. 교과서는 아이들을 모른다. 교과서를 만든 사람들은 지금 양수리의 한 초등학교의 스무 명 남짓의 아이들과 그 아이들이 만들어내는 교실의 역동에 대해서는 전혀 아는 바가 없다. 그건 그 교실의 담임교사 눈에만 보이는 것이다.

다양한 방식으로 분할된 사각형이 여러 개 그려진 활동지를 한 장씩 받아 든 학생들은 내내 그 한 장을 가지고 선생님과 머리를 맞대어가며 분수를 탐구했다. 중간중간 "아하!" 하는 소리들이 교실에서 터져 나왔다. 그 소리에 교사는 얼마나 기쁨과 보람을 느끼는가. 별이의 담임교사 역시 몹시 기뻐하고 있음을 알 수 있었다.

별이는 어려운지 지우개로 지웠다 다시 쓰기를 반복하고 있었는데 선생님은 전혀 재촉하지 않았다. 모르면 다음 시간에 더 해보면 돼. 당장 하나를 맞고 틀리는 것에 연연하지도 않았다. 이건 어려운 거야. 점점 어려워지지? 이건 5학년에 가면 더 자세히 배우는 건데 스스로 알아냈구나. 격려와 지지를 아끼지 않았다. 겉으로만 보면 학생들은 가만히 앉아 있고 교사의 말이 교실을 장악한 듯했지만, 사실은 학생들의 골똘히 생각하는 소리, 발견하는 소리로 꽉 찬 수업이었다.

고로 화려한 수업은 아니었다. 보여주기 좋은 수업도 아니었다. 아이들이 발표를 골고루 할 수 있는 (학부모 공개 수업에서 권장되는) 수업도 아니었다. 그저 평소대로 교사와 학생이 생각을 주고받으며 어떻게 새로운 내용을 탐구하는지를 있는 그대로 열어 보이는 수업이었다.

그것은 자신감이다. 그리고 자부심이다. 저 선생님이 가르치는 일을 얼마나 좋아하는지, 그리고 어떤 긍지와 사명으로 임하는지 바로 알아볼 수 있었다.

별이의 담임은 좋은 교사였다. 껍데기 없이 알맹이로 학생들을 만나는 교사였다. 수업의 형식과 내용을 통과하여 아이들과 닿고 만나는 교사. 이런 교사는 내 경험으로는 흔치 않다. 보호자의 위치에서 별이 중심으로 교실을 바라보던 나는, 어느새 교사로서 동료의 수업에 감탄하다가 직업적 상념에 젖어들었다.

무슨 과목을 가르치든 교사와 학생이 만나야 한다고 생각해왔다. 서로 닿아야 한다. 그럴 때 좋은 배움이 일어난다. 그래서 언제나 한 사람 한 사람과 닿으려고 애썼다. 세상의 온갖 분절된 학문을 40분씩 쪼개어 배우더라도 결국 수업은 너의 삶 전체와 나의 삶 전체가 만나는 과정이다. 부대끼고 마찰하고 포용하고 협력하고 깊어진다. 함께 하나씩 알아가고 깨달으면서 세계를 넓혀간다. 모든 것이 과정이므로 틀리고 실수하고 서툴러도 괜찮다. 어쩌면 그런 모습을 서로가 있는 그대로 받아들이고 감싸는 것이 배움의 전부일지도 모른다.

하지만 이런 교실을 교사 한 사람이 책임지고 꾸려간다는 것은 상당히 고단한 일이다. 이런 교실을 상상하는 교사는 형식 뒤에 숨지 못한다. 교과서 뒤에 숨지도 못한다. 교사는 자신의 삶으로 아이들 앞에 선다. 그렇게 해서 얻어지는 반짝이는 순간도 분명히 있지만, 전반적으로 교사의 기운은 소진된다. 선생 똥은 개도 안 먹는다는 말이 있는데, 그나마 교사가 안전하게 노동할 권리마저 없는 현실에서는 기운이 소진되다 못해 뭘 좀 잘해보려고 하는 순간부터 수명이 단축된다는 게 무슨 느낌인지를 실시간으로 감각하게 된다.

혹시 껍데기를 좀 두껍게 만들고 거기 숨어서 아이들을 만나면 에너지를 아끼고 체력을 비축할 수 있을까. 그렇게 하지 못하는 내가 어리석은 걸까. 그렇다면 별이의 담임교사도 '어리석은' 교사라고 불러야 했다. 같은 부류의 동지를 만난 것에 잠시 위로를 얻었던가.

교직은 어려운 일이구나. 나는 겁도 없이 이런 직업을 덥석 선택했구나. 좋은 수업을 보면서 나는 속으로 내내 중얼거렸다. 그저 그런 수업이었다면, 보여주기 위한 형식적인 수업이었다면 달랐을 것이다. 좋은 수업을 보았기에 고단했다. 저게 뭔지 안다. 저 고민이, 저 열의가, 저 노력이 뭔지 안다.

그리고 지금 나는 방전된 교사. 다시 돌아가면 나는 어떤 교사일까. 여전히 열의를 가지고 고민하며 아이들을 만날까. 아니면 나를 지키기 위해 조금은 덜 고민하고 덜 노력하며 적당히 하는 교사가 될 수도 있을까. 쉽게 교사를 하는 방법은 없나. 나를 좀 덜 깎으며 가르치는 방법은 없나.

수업을 보다가 점점 마음이 복잡해진 것은 두 개의 마음이 경합하기 때문이었다. 도망가고 싶으면서도 나는 돌아가고 싶었다. 다 내려놓고 싶으면서도 교실에서만 느끼고 경험할 수 있는 그 고단함이 몹시 그리웠다.

복잡한 마음으로 교실문을 열고 교실 밖으로 나오면서 생각했다. 아니 결심했다. 내년이 되어야 알 수 있는 일은 내년에 생각하자. 일단은 지금의 휴직을 잘 누리자. 그것 말고는 지금 여기서 내가 할 수 있는 일은 없어. 복잡한 마음을 털어내며 학교 밖으로 나와 양수리를 산책했다.

사랑이라는 전문성

2024년
다시 교과전담 교사

기시감

종종 이상한 체험을 한다. 학교에서 마주하는 동료들의 얼굴에서 묘한 기시감을 느낀다.

교직 3년 차였을 때의 일이다. 광주에서 서울로 근무지를 옮기고 첫 발령지에서 나는 직장 내 괴롭힘을 당했다. 이 말은 비교적 최근에 생겼으므로 당시에는 내가 겪이니는 그것을 '직장내괴롭힘'이라고 명명할 수도 없었다.

그때는 확신하지 못했지만 지금 생각해보면 너무나도 분명했다. 당시 교장은 호남을 혐오하는 사람이었고, 그에게 광주 출신의 나는 처음부터 마뜩잖았을 것이다. 거기에 당시 방송부 업무를 맡았던 나에게 방송실 청소를 지시했을 때, 나는 6학년 담임으로 수업을 준비하는 것만으로도 시간이 모자라니 그것까지 할 수 없다고 거절을 했다. 전임자가 어떻게 운영했는지 모르겠지만 방송실은 처음 봤을 때부터 폭탄을 맞은 것처럼 엉망진창이었고 학교 자체가 워낙 열악하고 노후했다. 교사가 혼자 어찌해볼 수 있는 공간이 아니었다. 나의 거절에 교장은 좀 충격을 받았을 것이다. 감히 나를 거절하다니. 호남 출신의 경력도 얼마 안 된 교사가.

나에 대한 나쁜 소문, 과한 업무 분담, 내가 맡은 학급과 연극 동아리(아이들과 한창 연극을 할 때였다)에 대한 부당한 간섭 등 치사한 괴롭힘이 꾸준하고 집요하게 이어졌다. 내가 담임으로서 우리 반 보호자들에게 보낸 편지를 두고 왜 교장 결재도 하지 않고 안내장을 보내느냐고 꼬투리를 잡는가 하면, 학교 감사를 하는 동안 내가 담당 장학사에게 협조적으로 굴지 않아 감사가 다 망했다며, 나 한 사람 때문에 전 직원이 힘들게 준비한 감사가 물거품이 되었다고 비난을 하기도 했다. (수업 중에 장학사가 방송실로 내려오라고 해서 수업이 끝나고 가겠다고 했을 뿐이다.) 그러면서 덧붙이는 말은 이랬다.

"선생님은 참… (한숨을 한 번 쉬고 나를 보았다.) 신규 같지가 않아요."

신규 같은 게 뭘까. 나는 교장실을 나와 곰곰히 생각했었다. 고분고분하고 유순하고 사근사근 나긋나긋, 그랬어야겠지.

두 번째 해에는 5학년 담임과 방과후학교 업무, 청소년단체 업무를 같이 받았다. 방과후학교는 원래 한번 강사를 채용해 1년간 계약을 하는 체제였는데, 갑자기 교장 독단으로 각 분기마다 다시 채용하는 식으로 바뀌었다. 담당자를 괴롭히기 위함이었다. 그때는 설마 그 정도 악의일까 의심하며, 뭔가 다른 이유가 있지 않을까 생각했던 것도 같은데, 지금 돌아보면 그렇게 선의를 발굴하려는 그때의 나는 얼마나 순진했는지.

학교의 공기는 전체적으로 나에게 호의적이지 않았다. 가끔 퇴근하고 집에 와서 혼자 울기도 했던 기억이 희미하게 남아 있다. 반면 아이들과의 시간은 그렇게 좋을 수 없었다. 학교 옆에 작은 산이 있어 우리는 자주 산에 갔다. 산에 가서 눈을 감고 나무를 만져보기도 하고 여러 가지 놀이를 했다. 그때의 사진 한 장이, 여러 번의 외장하드 분실과 데이터 손실에도 불구하고 무사히 남아 있다. 산에서 아이들과 정말 행복하게 웃고 있는 모습.

첫 학교의 기억은 결국 그것으로 남았다. 나를 아무리 괴롭히고 밟아댈지언정 나는 3년간 아이들과 진하게 행복했다. 그때의 기억이 사실 나의 초등교사 생활의 정수라고도 할 수 있다. 가정환경이 열악한 학생들이 많은 지역이어서 어려움이 있는 학생들이 적지 않았지만, 마음을 다해 다가가니 결국 다 만나졌던 경험. 어떤 힘든 아이를 봐도 내가 끄떡없는 이유가 바로 다 그때의 경험에서 나온 셈이다.

하지만 여전히 가끔 궁금하고 서럽다. 왜 아무도 도와

주지 않았을까. 부당하게 괴롭힘을 당하는 젊은 교사를, 다 알면서도. 그렇게 과중하게 업무를 맡겨서는 안 된다는 것도 알았을 텐데. 교무실에서 교장과 몇몇 부장들이 공공연하게 나를 험담하는 일도 (결국 돌아돌아 언제나 내 귀까지 들려왔던 걸 보면) 분명 다 알았을 텐데.

3년 차가 되었을 때 비로소 나를 겪어본 소수의 동료들이 방패가 되어주기도 하고 나를 대신해 교장과 싸워주기도 했다. 완전히 고립되었던 첫해보다는 조금 숨통이 트였다. 하지만 교장보다 더 치졸했던 선배 교사들도 있었다. 내가 그때 그 교사들의 연차가 되었음을 종종 깨닫는다.

나는 어느덧 20년이 다 되어가는 경력 교사이고, 복도를 걷는 나는 늘 먼저 웃고 먼저 인사를 건네는 교사이며, 이제는 누가 날 괴롭힐까 봐 걱정하는 게 아니라 혹시 누가 괴롭힘을 당하는지, 내가 뭘 더 도울 수 있는 상황은 없는지 살피고 다니는 교사이다. 지금 만나는 교사들은 대부분 나에게 호의적이다. 하지만 그 호의적인 얼굴에서, 이상하게도 나는 첫 발령지에서 교장에게 동조 내지는 방조했던 교사들의 얼굴들을 자꾸 겹쳐 본다. 그들이 당시 나에게는 절대 비치지 않았을 호의. 하지만 뒤돌아 자기들끼리는 이런 표정을 지었겠지. 이렇게 서로에게 친절했겠지.

지금 만나는 동료들이 나쁜 사람이라거나, 그때 나를 괴롭혔던 교사들과 비슷한 사람이라는 의미는 전혀 아니다. 나는 이들을 모른다. 그저 나의 과거와 만날 뿐이다. 현재에서 과거를 자꾸 불러오는 나를 보면서, 그때 상처받았던 내가 아직 여기 있음을 다시 알아차리고 도닥이는 중인 것 같다. 다 잊어버리고 사는 줄 알지만 사실은 아주 가까이에 잠복해 있는, '왜 이렇게까지 할까, 왜 아무도 도와주지 않을까'를 여전히 궁금해하는 과거의 나를.

개인적인 일로 연가를 내야 할 일이 있었다. 연가는 교장의 허가가 필요하고 정해진 사유가 아니라면 허가 여부는 학교장의 재량에 따른다. 나는 이 문제를 상의하기 위해 교장실에서 교장과 마주 앉았고, 필요한 말을 하고, 교장의 말을 차분히 듣고, 따질 것은 따져 묻는 모든 과정의 나를 유심히 관찰하고 있다. 이것은 자기돌봄이다. 학교에서 숱한 관리자들과 갈등을 겪고 때로 싸우기도 하면서 교장실, 교무실은 나도 모르게 긴장되고 불안해지는 공간이 되었다. 하지만 지금의 나는 그때의 내가 아니다. 더는 그렇게 교장 앞에서 가슴이 두근거리고, 내 주장을 펼치려면 입이 건조해지고 침이 먼저 마르는 사람이 아니다.

나는 나의 심장박동을 느낀다. 평온하다. 해야 할 말, 중요한 말을 할 때는 쓸데없이 웃지 않는다. 내가 어떻게 보일지, 어떤 호감을 얻을 수 있을지도 중요하지 않다. 지금의 내 상태가 가장 중요하다. 그걸 살핀다. 어깨가 편안하게 바닥으로 떨어뜨려져 있는지 본다. 턱을 필요 이상으로 꽉 다물고 있지는 않나 점검한다. 교장과 대화하면서 나는 계속 나를 돌본다.

여전히 고요한 심장의 박동을 느끼며 교장실 문을 닫고 복도로 나왔을때, 16년 전의 나에게 지금의 나를 보여주고 싶다고 생각했다. 봐, 그때랑 다르다니까. 살수록 조금씩은 단단해지고 조금씩은 힘이 생겨. 그러니 그때의 내가 이걸 보고 조금 안심하고 힘을 얻었으면 좋겠다. 이젠 아무도 나를 괴롭힐 수 없고 오히려 누가 괴롭힘을 당한다면 내가 도와줄 수 있지. 이건 나이 권력, 연공서열의 권력으로 얻어진 것이기는 하지만 잘 버텨온 나의 노력도 있다.

월요일 첫 수업은 6학년 음악 수업이다. 과학이 주된 나의 시간표에서 딱 두 시간 음악 수업이 있다는 것이 사막의 오아시스 같다. 나는 오늘 함께 부를 노래를 크게 틀어놓고 학생들을 맞이했다. 교과서에 있는 노래라고 별로 기대하지 않았던 나는 노래를 듣고 좋아서 깜짝 놀랐다. 우리는 가사 하나하나를 음미하며 천천히 노래를 익혔다. 아주 단순한 활동이었다. 새로운 노래를 배우는 것. 어려운 부분은 계속 반복해보고 한 사람씩 불러도 보고. 그 단순한 활동을 하면서 참 많이도 웃었다. 새벽에 출근해 컨디션이 썩 좋지 않았는데 아이들과 노래를 하면서 점차 시야가 맑아지고 부드러워지는 걸 느꼈다.

노래와 눈물

 5학년을 만나는 목요일을 나는 가장 기다린다. 두 반은 각각 다르게 사랑스럽다. 한 반은 질문과 호기심이 많고 진지한 편이고 다른 한 반은 명랑하고 생기가 넘친다. 어제 '명랑반'은 과학실에 들어오며 다짜고짜 뮤지컬 노래를 부르기 시작했다. (외부 강사 수업으로 뮤지컬을 배우고 있다.)
 다짜고짜 노래 부르기를 먼저 시작한 건 나였다. 며칠 전 과학실에 한 자리가 비어 물어보니 부산으로 여행을 갔다는 것이다. 그 말을 듣고 나는 노래를 시작했다.
 "부우-산에 가면…."
 노래가 끝나자 아이들도 갑자기 무슨 노래를 부르기 시작했다. 내 노래가 자기들이 배우는 노래와 비슷하다며 한 명이 스타트를 끊었는데, 몇몇이 합세했다가 급기야 모두 떼창을 하게 되었다. 조금 부르다 말겠거니 하고 듣고 있었는데 한참 이어지다가 "여기까지 배웠어요" 하고는 끝이 났다.

문제는 내가 그 노래를 듣다가 주책맞게 울고 말았다는 것이다. 나는 요즘 수업을 하다가, 놀이 시간에 놀고 있는 아이들을 보다가 한 번씩 운다. 왜 그런지 모르겠는데 종종 눈물이 난다. 아이들이 살아 있는 모습만으로도 그저 감사하고 귀하다는 생각이 들어서인 것 같다. 그런데 노래라니, 그렇게 따뜻하고 영롱하고 단단하고 맑고 생기 넘치는 목소리라니… 게다가 가사는 또 어떠했나.

"비 오는 날이면 외롭고 쓸쓸한 마음 우산 하나 받쳐 들고 또 하루를 살아가요."

울지 않을 도리가 없었다.

몰래 울었다고 생각했는데 한 아이가 귀신같이 알아차리고 큰 소리로 "선생님 눈이 빨개요! 울어요?" 하고 외쳤다.

―어디 어디?
―진짜?
―진짜예요?
―왜요?
―우리 노래 때문에 운 거예요?

진짜냐는 소리로 가득찬 교실에서 나는 도망갈 데가 없어 태연하게 눈물을 스윽 닦고 말했다.

"여러분 목소리가 너무 따뜻하고 노래도 너무 감동적이어서 그랬어요. 노래 들려줘서 정말 고맙습니다. 자, 이제 수업을 시작할까요?"

내가 활기차게 수업의 시작을 열었음에도 내 눈물의 여파로 교실은 한동안 조용했다(그런 반이 아닌데 말이다). 아이들이 자신들의 노래가 선생님을 울게 했다는 사실을 받아들이느라 잠시 어리둥절한 사이에 나는 용액과 용해, 용매와 용질을 설명했다. 설명한 내용으로 퀴즈를 내자 그제야 다시 특유의 명랑한 소란을 되찾고 수업에 집중했다. 그날 나는 더 열심히 수업을 했다. 노래 들은 값을 내야지, 하면서.

그리고 한 주가 지나 다시 만났을 때 아이들은 과학실 문을 열고 들어서기가 무섭게 자기들끼리 "하나 두울 셋!" 하고 신호를 넣더니 노래를 시작한다. 나는 즉시 관객 모드로 바뀌어 감상을 시작했다. 한 소절이라도 허투루 들을 수 없다. 배역이 정해졌는지 한 사람이 솔로 파트를 불러준다. 역시 좋다. 그러니 어제도 수업을 더 열심히 했다. 노래 들은 값을 내야지, 하면서.

금요일인 오늘은 5학년 과학 수업이 한 시간씩 있다. 목요일은 두 시간 묶음수업이라 여유 있게 만나지만 금요일은 실험을 하려면 한 시간은 좀 빠듯하다.

오늘 '진지반'은 과학실에 들어서면서부터 분위기가

착 가라앉아 있었다. 아이들의 표정도 하나같이 시무룩하고 몇몇은 울 것 같은 표정이다. 무슨 일이 있었던 모양이다. 그렇다면 내가 좀 더 밝아야겠구나. 나는 무슨 일이 있었냐고 아는 척을 하는 대신 나의 명랑도를 높인다. 그리고 내가 줄 수 있는 가장 좋은 것을 주기로 한다. 마침 오늘의 실험은 비교적 간단하고 단순하다.

"오늘은 용액의 진하기를 알아보는 공부를 할 건데요, 실험이 쉽고 단순해서 조금 일찍 끝날지도 몰라요. 그럼 날씨가 좋으니 밖에 나가서 좀 놀까요?"

교실을 감싸고 있던 먹구름이 대번에 걷히는 걸 본다. 어떻게 그렇게 순식간에 행복해질 수 있을까. 갑자기 모두들 눈을 빛내며 빨리 실험을 하자고 한다. 교사가 줄 수 있는 것에는 이런 순간도 있다. 축 처진 교실을 끌어올릴 수 있는 것도 교사의 힘이다.

놀이 시간을 기대하며 바쁜 마음으로 뛰어든 실험이지만, 막상 실험을 시작하자 실험 자체에 흥미와 호기심을 느끼며 깊게 몰입하는 모습이 보인다. 실험을 마치고 정리한 후 실험 관찰까지 다 기록하고 나니 정확히 9분이 남았다. 우리가 해냈어! 나가자.

어제는 내내 흐리더니 오늘은 볕이 쨍하다. 어둑한 과학실 문을 열고 눈부신 햇살 아래로 달려가는 아이들. 고작 9분인데 아이들은 그 시간을 1초도 허투루 보내지 않겠다는 듯 순식간에 팀을 나누고 얼음땡 놀이를 시작한다. 한쪽에는 만사가 귀찮은 듯 벤치에 누워 있는 사람이 있어 나는 옆 벤치에 똑같이 누웠다. 그리고 얼음땡 놀이를 하는 아이들을 바라보았다. 이제 한 5분 정도 남았을까. 그 짧은 시간을 그렇게 소중히 여기며 최선을 다해서 뛰어노는 아이들을 보면서 나는 또 울었다. 이번에는 안 들키고 몰래.

별이 담임선생님께 긴 편지

 별이의 새 담임교사는 좋은 선생님이다. 첫날 아이를 통해 보낸 편지나 아이의 학교생활 이야기를 들어보면 의욕이 넘치고 열정이 있는 교사라는 걸 알 수 있었다. 별이는 담임선생님 복이 참 많다고 생각하며 안심하고 지내다 어느 날 별이가 학교에서 써 온 생각노트를 보고 깜짝 놀랐다. 남녀 간의 차이는 분명히 존재하며 남자는 공간 감각이 뛰어나고 공감 능력은 여자가 뛰어나고 어쩌고 하는 내용이 아주 빼곡히 정리되어 있었다. 2013년도에 방영된 EBS 다큐멘터리 〈아이의 사생활〉 '남과 여' 편을 함께 보고 생각노트 쓰기 활동을 한 것이다.

 마음이 복잡해졌다. 일단 어떤 조치를 취해야 한다는 건 알지만 나도 복직 적응 기간이라 정말이지 기력이 없었다. 모른 척하고 싶었다. 그래서 그냥 넘어가려고 했다. 별이한테는 "이런 주제에 대해서라면 엄마랑 진짜 이야기 많이 했잖아. 네가 잘 생각해보고 판단해야 해. 정말 모든 남자와 여자가 그렇게 다른지, 그리고 그 다름이 그렇게 중요한 건지에 대해 말이야." 이 정도만 말해도 별이는 무슨 말인지 바로 알아들었다. 선생님이 이 영상을 보여주셨을 때 자기도 좀 이상하다고 생각했고 불편했다고 한다. 그래, 그렇게 넘어가기로 한다. 별이만 생각하면 안 되지만, 나머지 학생들을 생각하면 여기서 멈추면 안 되지만 정말이지 기력이 없어서 이번만 나를 좀 지키기로 한다.

하지만 다른 날에 같은 방송을 이어 봤다고 하는 별이의 말을 듣고도 계속 모른 척할 수는 없었다. 더구나 전교조 여성위원회 단톡방에서 마침 비슷한 상황에 대한 대화가 오가고 있었는데, 자신의 자녀가 다니는 학교의 문제를 두고 공론화를 해야 하는지 고민하는 동료에게 다른 한 동료가 '그건 교사이자 시민의 의무'라고 단호하게 건넨 말이 내 마음에도 날아와 박혔다. 울고 싶은 마음으로 검색을 시작했다. 그 문제적인 방송에 대한 페미니즘적 비평이 이미 존재할 것이다. 그게 뭐가 문제인지 일목요연하고 쉽게 설명된 글이 이미 있을 것이다. 그것을 링크를 걸어서 담임선생님께서 참고해보시면 좋겠다고 보내는 것으로 절충안을 세웠다. 그 정도는 할 수 있지. 그런데 도통 검색이 되지 않았다. 나의 검색력이 하찮아서인지 정말 그렇다 할 비평이 이토록 부족했던 것인지 마땅한 자료를 찾을 수가 없다. 결국 그걸 써야 하는 사람은 나라는 걸 절망적으로 깨닫고 글을 쓰기 시작했다.

하얀 화면을 보며 조금 울고 싶은 마음이 되었다. 이런 이야기를 언제까지 계속 반복해야 하는 걸까. 지겹지만 그래도 해야 한다고 마음을 다잡는다. 같은 생각을 가진 사람들 사이에서는 입 아프게 다시 언급할 필요도 없는 당연한 이야기들이지만, 여전히 어딘가의 누구에게는 다시 자신의 맥락에 맞게 전달될 필요가 있는 것이다. 옳고 그름, 좋고 나쁨의 문제가 아니라 시간차의 문제일 수도 있다는 걸 늘 생각해야 한다. 상대방을 비난하지 않으면서 내가 먼저 알게 된 사실을 전해줄 수 있어야 한다. 그걸 연습한다고 생각하면 기꺼이 할 수도 있는 일이다(하지만 그것이 왜 지금이어야 합니까…).

쓰고 보니 너무 긴 글이 되었으므로 나는 담임선생님과 먼저 통화를 했다. 별이가 새 담임선생님과 새 학년의 학교생활을 너무 좋아한다고 감사 인사를 먼저 전하고, 나 역시 근 20년이 되어가는 교사인데 요즘 교사 생활이 너무 힘들지 않느냐고 동료애를 좀 끌어올린 후에, 조심스럽게 말씀드렸다. 의견을 드리고 싶은 게 있어서 편지를 썼는데 조금 긴 글이 되었노라고. 갑자기 당황스러우실 것 같아 먼저 전화를 드린 것이고 선생님의 교육권을 침해하고자 하는 뜻은 전혀 없다고. 다만 같이 생각해보고 아이들을 위해서 성찰해보았으면 좋겠다는 말을 간곡히 덧붙였다.

전화를 끊고 긴장된 마음으로 편지를 전송했다. 잠시 후 다시 전화가 왔다. 그런 내용에 대해서 잘 몰랐다고, 알려주셔서 감사하다는 인사였다. 이미 수업 시간에 영상을 다 봐버렸지만 그것에 대해서 다시 한 번 이러한 관점으로 아이들과 이야기해보겠다고 하셨다. 마음을 열고 편지의 내용을 진지하게 받아주셔서 나야말로 감사했다.

어제의 나처럼 작문 노동을 피해 간절히 예시 문장을 찾는 누군가가 있을지 모르기에, 담임선생님께 보낸 편지의 전문을 공유한다. 기꺼이 누군가의 레퍼런스가 될 수 있기를 바라며. 그리고 언젠가는 이런 글이 필요 없어지길 간절히 바라며.

선생님. 방금 통화에서 말씀드린 대로 저 역시 교사로서, 교사 한 사람이 학급에서 여러 아이들의 성장과 안전을 책임지고 교육한다는 것의 무게를 매년 느끼는데요. 선생님의 열정 가득한 편지를 보며 동료로서 좋은 자극을 받았고 동시에 학부모로서 감사했습니다.

다만 선생님께 조심스레 의견을 드리고자 하는 내용은 다름이 아니라 생각노트 쓰기 활동에서 보여주시는 EBS 〈아이의 사생활〉 다큐멘터리에 관한 것입니다.

해당 방송은 2013년에 제작된 것으로 지금 시대와는 다소 맞지 않는 내용이 담겨 있는 것으로 보입니다. 방송

이후로도 지난 10년간 남여의 성차에 대한 연구가 많이 있어왔고 해당 방송의 결론에 반박하는 논문들도 상당히 많으며 해당 방송의 표본오류, 즉 성차를 사회문화적으로 분석하기보다 단지 생물학적으로 바라보는 환원주의적 오류 등에 대해서도 많은 비판이 있었습니다.

선생님께서 해당 방송을 통해 교육하고자 하는 의도가 무엇일지 생각해보았습니다. 아마도 차이를 존중하는 사람이 되기를 바라시는 거겠지요. 그런 것이라면 저도 깊이 동의합니다. 하지만 차이를 만들어내는 것이 무엇일까에 대한 고민도 함께 해야 한다고 생각해요. 우리 사회는 너무나 쉽게 한 개인을 남자와 여자로 나누고 분류합니다. 이러한 이분법은 너무 익숙하고 공기처럼 당연해서 그런 분류 아래 개개인의 잠재력과 고유함이 얼마나 많이 소거되고 있는지에 대해서는 간과하기 쉽습니다. 인간은 자연적인 대상일 뿐만 아니라 사회문화적인 존재이므로, 우리를 둘러싼 사회문화적인 토대와 무관한 생물학적 결정론만으로는 인간을 제대로 바라볼 수 없습니다. 성차는 선천적인 생물학적 요인뿐만 아니라 사회문화적 배경 속에서 규정되는 부분이 아주 많습니다.

선생님도 깊이 공감하시겠지만 교육은 가능성을 바라보는 일입니다. 아이들의 잠재력을, 무한한 성장을 믿는 일입니다. 그러니 우리가 주목해야 할 것은 남자와 여자가 원래부터 이렇다는 식의 생물학적 차이가 아니라, 사회가 아무리 한 개인을 어떤 이분법으로 나누고 그 기준으로 판단 짓고자 하여도, 그에 굴하지 않고 꿋꿋이 자신의 개성과 잠재력을 찾고 추구하는 개인의 성장이어야 한다고 생각합니다.

해당 방송의 연구 절차에 대한 비판을 차치하고, 실제로 남녀 간의 뚜렷한 성차가 있다는 결론이 맞는다고 하더라도 학생들에게 성차를 굳이 강조하며 각인시켜서는 안 된다고 생각합니다. 그것은 너무 위험하지요. 왜냐하면 인간은 통계나 획일화된 분류를 넘어선 다양한 존재니까요. 성별 이분법으로 인간을 설명할 때 반드시 그 분류에 들어맞지 않는 아이들이 교실에 있을 거라는 걸 생각해야 합니다. 교사는 수학이 좋은 여자아이, 과학에 흥미가 있는 여자아이, 섬세하고 공감을 잘하는 남자아이의 존재를 발견해야 하는 사람이지, 외려 두 개의 박스에 아이들을 가두는 사람이 되어서는 안 된다고 생각해요.

선생님을 비난하는 것이 아닙니다. 사실은 저도 이러한 주제에 대해 상대적으로 최근에서야 눈을 뜨고 관련 연구를 찾아보고 공부를 하게 되었습니다. 같이 공부하고 성찰하며 더 나은 방향으로 아이들을 길러내기를 원하는 것입니다.

별이는 그동안 저와 성별 고정관념, 그리고 그것이 편

견과 차별로 이어지는 일들에 대한 대화를 많이 나누었습니다. 별이는 이 방송을 보고 많은 물음표를 가지고 저에게 왔고요. 그래서 선생님께 이런 긴 글을 쓰게 되었네요.^^

제가 교실에서 아이들을 여자와 남자로 나누는 시각을 버리고 아이들에게 다가갔을 때 뜻밖에도 아이들이 큰 해방감을 느끼는 것을 많이 목격했습니다. 우리가 생각하는 것보다 아이들은 어른들이 이 세상에 심어놓은 남자와 여자, 정상성과 표준에 대한 압박을 많이 받는다는 것도 알게 되었습니다.

선생님. 남자와 여자의 차이를 선을 그어 강조한 후에 그 차이를 존중하자고 교육하기보다는, 불필요한 선을 지우고, 백 사람이 있으면 백 가지의 차이가, 만 사람이 있으면 만 가지의 차이가 있다는 교육으로 나아가면 어떨까요.

긴 글 읽어주셔서 감사해요. 이 주제에 대해서 깊이 숙고해주시고 아이들과 관련하여 한 번 더 대화를 나눠주실 수 있다면 감사하겠습니다. 세상에는 남자와 여자를 나누고, 그 차이를 강조하고자 하는 생각도 있지만 남자와 여자를 굳이 나누지 않고 성별과 무관하게 한 사람을 고유한 존재로서 바라보고자 하는 생각도 있다는 것을요. 저는 후자의 생각이 우리 아이들이 살아갈 시대의 방향에 더 적합하다고 생각합니다.

별이가 담임선생님 복이 어려서부터 참 많았는데요, 매년 좋은 선생님을 만나 편안하고 안정적으로 즐겁게 학교생활을 하고 있어 얼마나 감사한지 모릅니다. 긴장되는 마음으로 5학년 첫날을 마치고 돌아온 별이가 새 담임선생님이 너무 좋다고 선생님을 자랑하고, 수업 이야기를 하며 눈을 빛내는 걸 보며 올해도 그 복이 이어지는구나 싶어 안도하고 감사했습니다. 선생님의 교육관이 담긴 긴 편지도 꼼꼼히 잘 읽어보았고 선생님의 열정과 진심이 느껴져 마음 깊이 감동했습니다.

앞으로 1년간 하실 수고에 미리 감사와 존경을 보내고 싶습니다.

감사합니다.

배움의 조건

어제 별이와 두물머리를 산책하던 중에 내가 물었다.

"6학년 음악은 리코더를 배우는 차례야. 혹시 학교에서 리코더를 배울 때 선생님이 꼭 이렇게 해줬으면 하는 게 있었어?"

별이가 곰곰이 생각하다가 답했다.

"난 선생님이 다 안다고 생각하고 넘어가지 않았으면 좋겠어. 그리고 혹시 지난번에 배울 때 결석한 아이가 있다면 한 번 더 알려줬으면 좋겠어. 잘 모르는데 넘어가면 너무 힘들잖아."

별이의 말을 마음에 잘 담아두고 오늘의 음악 수업을 시작했다. 계이름으로 먼저 불러보기로 했는데 태연이가 말한다.

나 계이름 모르는데.

몇몇은 소리내어 웃었고 태연이도 장난스러운 표정을 지었지만 내 눈에는 비슷한 어려움을 가진 학생들의 얼굴이 보였다. 태연이가 용기 내어 모르는 걸 모른다고 말해줘서 고마웠다.

"계이름이 헷갈리는구나. 말해줘서 진짜 고마워. 그냥 넘어갈 뻔했네."

그러면서 주말에 별이와 나눈 대화를 살짝 들려주었다.

"선생님도 가족 중에 어린이가 있는데 지금 5학년이야. 근데 리코더 처음 배울 때 진짜 어려워했거든요. 그래서 오늘 수업을 앞두고 리코더를 가르칠 때 선생님이 뭘 주의하면 좋을까 의논했더니, 학생들이 다 안다고 생각하고 넘어가지 말라고 하더라고요."

순간 교실의 공기가 바뀌는 게 느껴진다. 안심하는 공기, 학생들의 마음이 좀 편안해진 공기다. 그건 말로 표현하기 어렵고 만지거나 볼 수도 없지만 너무나 분명하고 똑똑하게 감각되는 것이다. 별이에게 물어봐서 다행이었다.

우리는 리코더를 불기 전에 계이름 공부를 한참 하고 수업을 마쳤다. 태연이는 계이름을 잘 읽을 수 있게 되었다.

"리코더는 다음 시간부터 본격적으로 할게요. 대신 이 곡 하나만 계이름을 좀 외워 올 수 있나요?"

좋아요!

숙제를 모두 흔쾌히 받아들였다.

일단 오늘은 그렇게 마음 편히 헤어졌다. 뭔가를 배울 때는 마음이 편해야 한다. 중요한 배움의 조건이다.

사랑을 따라가면 쉽다

4학년 영어 수업, 깃발이라는 단어를 복습하며 레인보우 깃발을 보여주자, 은결이가 대번에 얼굴을 찌푸리며 말한다.

그거 동성애자 깃발이죠?

이번이 처음은 아니다. 은결이는 깃발을 볼 때마다 같은 표정을 지으며 "그 깃발 그거죠?" 하고는 '그거'라고 표현하면 선생님이 자신의 뉘앙스를 다 알아들을 거라는 듯이 물었다. 하지만 나는 그 뉘앙스를 알고 싶지 않다. 그건 은결이의 표정도 은결이의 생각도 아니고 그저 주변의 어른들에게서 학습한 것일 터였다. 은결이는 내가 물어보지 않았는데도 자신이 다니는 대형교회 이름을 알려주었다.

나는 이렇게만 말했다.

"우리 중 누구라도 자신이 원하는 사람을 사랑할 자유

와 권리가 있어. 그것을 차별하고 금지할 수 없다고 생각해. 선생님은 신을 믿지 않지만 신이 있다면 아마 신도 이러한 차별에는 반대했을 거야."

옆에 있던 승우가 묻는다.

그럼 동물이랑 사람이랑 그걸 해도 돼요?

익숙한 혐오의 레퍼토리. 그것 역시 승우의 생각이 아닐 테다.

어떤 사람들은 페미니즘이나 성소수자 인권교육을 두고 세뇌 교육이라고 말한다. 나는 동성애를 '주입' 했다는 혐의로 형사 조사를 받기도 했다. 하지만 정말로 세뇌를 하는 것은 누구인가. 어떻게 이제 열 살이 갓 넘은 아이들에게서 동성애자를 혐오하고 타자화하는 말이나 표정이 이렇게나 자연스럽게 나올 수 있다는 말인가.

오가던 대화를 곰곰히 듣던 이든이가 물었다.

그런데요, 왜 사람들이 동성애자를 싫어하고 차별하는 거예요?

열 살 아이가 할 수 있는 질문이란 이런 것이어야 한다. 막연히 얼굴을 찌푸리거나 수간을 떠올리는 것이 아니고. 열 살 아이들이 응당 할 수 있는 질문을 뺏어가버린 사람들이 세뇌의 주범이다.

"글쎄다. 그건 정말 선생님도 잘 모르겠어서 대답을 못 해주겠다. 내가 말해줄 수 있는 건 세상에는 그런 사람들이 있다는 거야. 자신과 다르다는 이유로 쉽게 구분을 짓고 편견을 갖고 차별을 해야 한다고 믿는 사람들. 우리 주변에 있을 수도 있어. 저는 여러분이 그런 생각들을 그대로 다 받아들이기 전에 각자가 스스로 생각하고 판단할 수 있었으면 좋겠어요. 알잖아요. 어른들 말이 다 맞는 게 아니라는 거. 심지어 선생님의 말도 마찬가지예요. 그러니까 여러분이 스스로 생각하고 판단해야 해요. 바깥에서 들리는 목소리를 그대로 따라가면 내가 원하지 않은 전혀 엉뚱한 곳에 서 있게 될 수도 있어요.

참 어렵죠. 어렵지만 힌트가 있다면 사랑이에요. 여러분, 사랑을 따라가면 됩니다. 선생님은 그렇게 생각해요. 생각해보면 의외로 답은 단순하더라고요."

여기까지 하고 수업을 이어갔다.

지금 우리 사회는 수업에서 동성애에 대해 고작 이 정도의 발언을 하는 것도 상당한 위험를 감수하는 일이다. 하지만 그것도 하지 않으면서 어떻게 아이들을 가르친다고 할까. 아이들에게 혐오를 세뇌하는 이들이 밉다. 그리고 다른 목소리를 들려주고 싶다. 결국은 사랑이다. 사랑을 따라가면 쉽다.

내가 하는 일의 가장 좋은 점

오늘 4학년 영어 수업을 마쳤을 때, 휘찬이는 친구들이 영어실을 다 떠날 때까지 기다리다가 따로 할 말이 있다는 듯 천천히 나에게 다가왔다. 환한 얼굴로 웃고 있었기 때문에 나도 덩달아 웃으며 휘찬이의 말을 기다렸다. 휘찬이는 내 바로 앞까지 걸어와 한 번 더 씨익 웃어 보이고는 말했다.

저는 영어를 원래는 진짜 진짜 진짜 진짜 싫어해요. 근데 선생님이랑 영어 공부하는 시간은 너무 좋아요.

어린이는 자기 마음을 솔직하게 전하는 일의 전문가이다. 나는 오늘도 한 수 배우는 마음으로, 휘찬이의 말을 귀하게 받았다. 이렇게 가까이 다가와서 상대방의 눈을 바라보고 자신의 마음을 있는 그대로 전할 수 있구나.
"그렇다니 진짜 진짜 진짜 진짜 다행이다. 앞으로도 계속 재밌게 하자."

나도 '진짜'를 네 번 말해보았다.

휘찬이가 1학년일 때의 교실 일기를 찾아서 다시 읽어보았다. 교실에서 한시도 가만히 있지 못해 내 일기에 '한시'로 기록되었던 휘찬이는 이제 그때의 휘찬이가 아니다. 아직도 수업에 오롯이 집중하는 데는 어려움이 있지만 그래도 자기 자리에 앉아 교사의 안내와 친구들의 발표를 끝까지 들으려고 노력한다. 수업 중에 자꾸 딴말을 해서 친구들에게 지적을 받을 때가 있지만 예전처럼 버럭 화를 내는 대신 머쓱해하거나 미안해하기도 하면서 자기 행동을 조절하려고 노력한다.

새롭게 옮겨 간 학교의 첫해에 1학년을 만날 수 있다는 건 교사에게 귀한 경험이다. 아이가 한 해 한 해 자라나는 것을 볼 수 있으니까. 이는 아이들이 가진 성장의 가능성을 믿고 교사로서 인내심과 여유를 가질 수 있게 하는 경험적 지식이 된다. 어떤 학생이 지금 내 앞에서 보이는 모습이 다가 아니라는 것, 시간과 함께 결국은 좀 더 나은 사람이 되어가는 과정 중에 있음을 이보다 더 분명하게 가르쳐줄 스승은 없을 것이다.

나는 중간에 휴직과 병가를 여러 차례 써서 아직 3년이나 더 이 학교에 있을 예정이니, 휘찬이가 졸업하는 모습도 볼 수 있을 것이다. 그때는 지금보다 더 자라 있겠지. 사람의 성장을 이렇게 가까이에서 지켜볼 수 있다는 것이, 작게나마 성장을 도울 수도 있다는 것이, 내가 하는 일의 가장 좋은 점이다.

엉킨 실타래 풀기

"모두 자리로 돌아가 앉으세요!"

교실이 순식간에 조용해졌다. 아이들은 놀라서 얼어붙었고 나도 내 목소리에 조금 당황했다. 그렇게 화난 목소리가 나올 줄은 몰랐다. 어젯밤 충분히 못 자서 그래. 진정될 때까지, 호흡이 안정될 때까지 한마디도 더 얹지 말자. 나는 심장박동을 느끼면서 잠시 눈을 감았다.

6학년 과학 수업이었다. 모둠 발표 중에 공격적이고 날선 공방이 이어지다가 급기야 수업을 삼킬 정도의 소요가 벌어졌다. 평소라면 좀 더 기다리거나 상황을 풀어갈 다른 방법을 찾았을 것이다. 하지만 듣는 사람 하나 없이 여러 명이 동시에 소리를 지르는 상황을 지켜보는 게 오늘따라 못 견디게 힘들었다.

다시 눈을 떠 여전히 얼어붙어 있는 아이들을 바라보며 나는 내 얼굴 근육을 느낀다. 충분히 편안하고 부드러운지. 자연스럽게 웃을 수 있을 만큼 자유로운지, 아니면 경직되어 굳어 있는지. 웃을 때 쓰는 근육을 아주 조금씩 움직여도 본다.

아이들은 아무 말 없이 고개를 떨구고 앉아 있었다. 3학년 때 나를 처음 만난 이후로 내가 이렇게 화내는 걸 본 적이 없었던 것이다. 나도 이런 나를 오랜만에 봤다. 연차가 쌓일수록 자연히 교실에서 화를 내지 않게 되었다. 아이들의 문제 행동은 저마다의 사정과 이유가 있고, 설령 그런 게 없더라도 화를 내는 건 가르치는 데 걸림돌만 된다.

그걸 알면서도 오늘은 나도 모르게 화를 내고 말았다. 잠을 못 자서 그렇다. 잠이 부족하면 이렇게 된다. 교실의 갈등 상황을 다루기 전에 나를 돌아보는 게 먼저겠다. 나는 천천히 심호흡을 하고 몸이 이완되는 걸 느끼며 조심스럽게 입을 열었다.

"여러분. 이미 뱉어버린 말은 주워 담지 못하죠. 행동도 마찬가지고요. 우리는 시간을 거슬러 살 수 없어요. 하지만 내 말과 행동을 되짚어볼 수는 있어요. 같은 상황에서 좀 더 나은 행동을 할 수 있는 가능성은 늘 있어요. 만약에 시간을 돌릴 수 있다면 어떻게 행동할까 상상해볼 수도 있죠. 우리 지금 여기서 딱 5분만 거슬러 가볼까요. 다 같이, 5분 전에 자신이 했던 말과 행동을 찬찬히 되짚어보는 거예요. 그리고 다시 돌아갈 수 있다면 무엇을 어떻게 바꿀지 말해봅시다."

조금 시간을 두었다가 다시 입을 열었다.

"제가 먼저 하겠습니다. 저는 시간을 되돌린다면 방금처럼 소리를 지르지 않을 겁니다. 여러분이 서로 비난하고 탓하는 모습을 보는 게 괴롭고 당장 멈추고 싶은 마음이 앞서서 저도 모르게 큰소리를 내고 말았는데요. 지금은 후회해요. 다시 돌아갈 수 있다면 싸움은 말리더라도 방금 전과 같은 방식은 아닐 겁니다. 조금 더 기다려줄 거예요. 제가 갑자기 너무 화를 내서 여러분이 놀랐을 것 같아요. 정말 미안합니다."

나는 고개를 숙여 사과하고 잠시 기다렸다.

여러 반에 들어가 수업을 하다 보면 싱대적으로 수업이 잘되는 반이 있기 마련이다. 지금 이 반이 그런 반이다. 진지하게 수업에 참여하면서도 늘 유머와 생기가 있다. 좋은 질문을 많이 해서 똑같이 진도를 나가도 다른 반에 비해 항상 더 많은 내용을 다루게 되는 반이기도 하다. 그런데 오늘은 과학실에 들어설 때부터 분위기가 어둡고 가라앉아 있었다. 무슨 일이 있었던 건지, 몇 명은 이미 짜증이 머리끝까지 났는데 억지로 참고 있는 티가 역력했고, 그 마음은 주름진 미간에서도 고스란히 느껴졌다.

오늘 수업은 물속에서 사라지는 그림을 보며 빛의 굴

절과 전반사에 대해 알아보는 것이었다. 각자 그림을 그리는 것까지는 순조로웠는데 발표를 하다가 일이 터졌다. 작품의 크기가 작고 물에 담그며 보여줘야 해서 모둠 발표를 했다. 모둠을 만들어 한 사람씩 차례대로 옆 모둠으로 이동하며 다른 모둠 친구들에게 자기 작품을 발표하는 형식이었다. 자기 모둠으로 발표자가 오면 박수로 환영해주고, 발표가 끝나면 감상을 나누고 다음 모둠으로 보내준다. 교사의 신호에 맞춰 다 같이 다음 모둠으로 이동을 한다. 먼저 수업한 다른 두 반은 모두 즐겁게 발표를 마쳤고, 이 반이라면 더욱 화기애애하고 재미있는 시간을 보내리라 기대했다. 어쩌면 기대치가 높아 실망도 컸는지 모른다.

나중에 밝혀진 바로는 이런 상황이었다.

1. 진호가 자기 작품을 잃어버렸다. 돌아가며 발표를 하는 형식이니 진호가 발표할 차례에 한 모둠에 발표자가 비게 되었다.

2. 윤성은 자기 모둠에 발표자가 오지 않자 "왜 우리만 발표자가 없어?" 하고 소리를 쳤다.

3. 진호는 그 말이 작품을 잃어버린 자신을 비난하는 것이라고 느꼈다. 그래서 난데없이 "그게 내 잘못이냐 그럼?" 하고 소리를 질렀다. 그 후로 계속 방어적이고 공격적인 태도로 친구들의 말을 받아쳤다.

4. 진호와 같은 모둠인 경태는 윤성에게 진호의 상황을

설명했다.

5. 하지만 윤성은 진호의 상황을 이미 알고 있었다. 문제는 '연속으로' 발표자가 오지 않았다는 것이었다. 그래서 윤성은 "아니 그건 나도 알아! 그래서 처음에는 발표자가 없는 채로 기다렸어! 근데 그다음에도 계속 안 왔다고!" 하고 소리쳐 설명했다.

6. 하지만 경태는 윤성의 말을 듣지 않고 자기 말만 했다. 답답하다는 표정이었다. (윤성도 같은 표정이다.)

7. 한편 진아는 교사가 신호를 주면 다 같이 이동한다는 규칙을 듣지 못했다. 그래서 발표를 마친 후 혼자 다른 모둠으로 갔다.

8. 유빈은 자기가 발표를 하고 있는데 진아가 와서 짜증이 났다. 유빈이가 인상을 쓰고 말하자 진아는 마지못해 사과를 했다.

9. 유빈은 진호, 경태, 윤성이가 서로 소리 지르는 걸 보고 진아가 자기 마음대로 혼자 이동해서 이렇게 된 거라고 설명했다.

10. 그걸 본 진아는 이미 사과도 했는데 친구들한테 자기 잘못을 고하는 유빈에게 화가 났다. "그래서 내가 미안하다고 했잖아! 그리고 딱 한 번이었다 한 번!"이라고 버럭 소리를 지른다. 분이 안 풀리는지 여러 번 되풀이해 말한다. 하지만 유빈을 포함해 아무도 듣는 사람이 없다. 그러니 진아는 점점 더 화가 나서 "한 번이라고!"를 계속 혼자

외치고 있다.

11. 이 모든 상황을 거리를 두고 지켜보던 혜린은 답답하다는 듯이 자기가 본 것을 설명하려고 이 난장에 끼어든다. 이미 격앙된 상황에서 혜린이 역시 평소답지 않게 목소리를 높여야 했다. 하지만 아무도 혜린이의 말을 듣지 않았다. 다 자기 말을 하느라 바빴다.

여기까지 읽으신 분들은 이 상황이 다 이해되지 않아도 괜찮다. 그저 부릅뜬 눈들, 찌푸린 미간들, 빳빳하게 세운 몸들, 날선 목소리들로 가득 찬 교실을 상상하면 된다. 이것은 엉킨 실타래 같은 것이다. 어디서부터 손을 대야 할지 모를 정도로 단단하고 복잡하게 얽혀 보기만 해도 답답해지는.

이 교실에서 실타래를 풀어낼 수 있는 사람이 누구겠는가. 충돌하는 마음과 서로 다른 욕구와 입장들 사이에서, 아직은 타인의 상황을 이해하는 것도 자기의 마음을 표현하는 것도 서툰 아이들이 서로를 미워하고, 갈등하고, 아프게 하는 상황에서 교사는 어떻게 해야 하는가. 수만 가지의 방법이 있겠으나 적어도 학생들과 함께 버럭 하는 것은 아니다. 그건 전혀 도움이 되지 않는다. 하지만 나는 이미 그렇게 해버렸다. 문제는 그 이후이다. 이미 저질러 버린 잘못이지만 그럼에도 나아갈 길이 있다는 걸, 여기서부터 그걸 만들어내는 건 나라는 걸 믿어야 한다.

나는 내 잘못을 인정했다. 그리고 학생들에게 진심으로 사과하고 잠시 기다렸다. 이렇게 된 마당에 내가 훈육을 늘어놓을 처지도 아니었으니, 그저 아이들도 나를 용서해주기를 바라는 마음으로 침묵 속에 서 있었다.

그때 윤성이가 조심스레 입을 열었다.

제가… 너무 밀어붙인 거 같아요. 발표자가 안 온다고… 저는 다시 돌아갈 수 있으면 그냥 좀 더 공격하는 느낌이 아니게 물어볼 거 같아요.

윤성이가 조심스레 말을 마치자 다시 교실이 조용해졌다. 윤성이의 말을 듣던 경태의 표정이 순간 복잡해지더니 이내 입을 열었다.

저는 윤성이 말을 좀 들었을 것 같아요. 윤성이한테 어떤 상황인지 설명해주고 싶었거든요? 근데 이제 보니 윤성이는 이미 그건 다 알고 있었던 거 같아요. 윤성이가 무슨 말을 하는 건지 윤성이가 뭘 답답해했던 건지 들었으면 좀 달랐을 거 같아요.

경태의 말이 끝나자마자 진호가 손을 들었다.

저는 앞으로는 제 물건을 잘 챙기고 이렇게 작품을 잃어버리는 일이 없도록 하고 싶어요.

"잠깐."
나는 손을 들고 말했다.
"그건 충분히 일어날 수 있는 일이죠. 사람은 누구나 실수를 해요. 지금 우리는 다시는 실수하지 말자고 다짐하기보다는 이런 일이 또 벌어졌을 때 어떻게 해결할 것인가를 연습하는 거예요."
진호는 곰곰이 생각하더니 다시 입을 열었다.

제가 물건을 못 챙겨서… 이게 다 저 때문에 일어난 일인 거 같아가지고….

진호는 여기까지 말하고 말을 더 잇지 못했다.
"친구들이 작품을 잃어버렸다고 진호를 원망하고 비난하는 건 아닐까 걱정되었나요?"

네.

"친구들이 정말 그랬던 것 같아요?"

아닌 거 같아요.

진호가 고개를 저으며 말했다. 나는 나머지 학생들에게 물어보았다.

"혹시 그렇게 생각한 사람이 있었나요? 솔직하게 말해주세요."

―아니요.
―전혀요.
―아무 생각 없었어요.

내가 관찰한 바로도 아니었다. 나는 내가 본 상황을 진호에게 알려주고 다시 질문했다.

"다음에는 어떻게 하고 싶어요?"

그냥… 미안하다고 할 거 같아요.

"오, 그럼 친구들이 나를 비난할까 걱정되어서 미리 방어하지는 않을 것 같아요?"

네.

다음은 유빈이였다.

저는 진아한테 짜증을 냈는데 다시 돌아가면 친절하게

말할 거 같아요. 좀 더 좋게 말할 수 있었을 거 같아요.

"어쩌면 진아도 자기가 규칙을 놓쳤다는 사실에 당황했을 수 있겠지요? 혹시 그런 마음을 좀 더 알아줄 수도 있을 것 같아요?"

유빈이는 내 질문에 잠깐 망설이다가 그렇다고 대답했다. 그걸 보던 진아가 마지막으로 말했다.

앞으로는 선생님 말을 더 잘 듣고 규칙을 잘 알고 활동을 제대로 하고 싶어요.

나는 다시 손을 들었다.
"선생님 말을 놓칠 때가 있죠. 듣고 깜빡할 수도 있고요. 그런 일은 또 일어날 수 있어요. 다신 안 그래야겠다고 생각하기보다는, 같은 상황에서 내가 어떻게 좀 다르게 행동할 수 있을지에 더 집중해볼까요."

한참을 고민하던 진아가 말했다.

좀 더 진지하게 사과했을 거 같아요. 화를 내는 게 아니라….

스르륵.

풀렸다. 실타래가.

대신 시간이 20분 훌쩍 넘게 지나 있었다.

"과학 수업 시간을 많이 써버렸지만 이것도 중요한 공부였다고 생각해요."

내 말에 조금 가볍고 개운한 표정이 된 학생들이 고개를 힘 있게 끄덕였다.

"우리가 오늘 겪은 일은 여러 사람이 모인 곳이라면 흔히 벌어지는 일이에요. 하지만 우리는 조금씩 더 나은 행동을 할 수 있어요. 자, 이제 계속 이어서 발표합시다."

늦어진 만큼 우리는 모둠 발표를 조금 빠르게 진행해 시간 안에 잘 마쳤다.

혐오의 반대편에 서기

 6학년 과학 수업 중 학생들 사이에서 갑자기 '느금마'라는 말이 튀어나왔다. 몇몇은 웃음을 터뜨렸고 한둘은 찡그렸고 나머지는 무관심했다. 수업을 멈추고, 그것이 혐오 표현이라는 것을 짚고 혐오 표현에 어떻게 대응해야 할지 잠시 이야기했다. 모두 진지하게 들었고 '느금마'라는 말을 서로에게 내뱉은 현수와 민오는 언뜻 반성하는 표정을 비쳤다.

 하지만 알 수 있었다. 그것으로는 충분하지 않았다.

 과학 수업은 여름방학까지 한 차시를 남겨두고 있었다. 학기에 나가야 할 진도를 다 마쳐서 혐오 표현을 주제로 수업을 준비했다. 한 차시로는 부족할 것 같아 담임선생님에게 메시지를 보내 다음 시간까지 연속으로 2교시를 쓸 수 있는지 물어보았다. 2교시는 체육 시간이라 빼기 어렵다고, 요즘 아이들이 막말을 하는 것에 대한 문제의식은 자신도 느끼고 있으니 따로 잘 지도하겠다는 답이 왔다.

하지만 문제는 '막말'이 아니었다. 아이들을 촘촘히 둘러싸고 있어 결국 아이들에게로 흘러들 수밖에 없는 우리 사회의 혐오가 문제였다. 혐오 표현을 '비속어'나 '막말'이라고 지칭하는 순간부터 이미 문제 해결과는 멀어지는 것이다.

문제를 해결할 방법은 하나다. 아이들이 자신이 속한 사회의 혐오를 다시 바라보는 것. 혐오가 어디에서 생겨나 어디로 흘러가는지 보고, 혐오가 개인적 호불호의 문제가 아닌 구조적이고 역사적인 현상임을 알고, 많은 사람들이 혐오와 싸우며 무엇을 어떻게 바꿔왔는지 배우고, 지금 이 순간에도 그 싸움은 계속되고 있음을 보는 것이다. 교사의 일은 학생들의 '막말'을 단속하는 게 아니라 혐오를 볼 수 있게 길을 터주는 것이다. 그리고 물어보면 된다. 혐오를 되풀이하는 곳에 있을 것인지, 그것에 대항하는 자리에 설 것인지. 전자를 선택하는 학생은 없다. 내가 경험한 바로는 그렇다. 그 정도의 힘은 아이들에게 이미 있다.

그러나 체육은 중요한 시간이므로 그 시간을 뺄 수는 없다는 담임선생님의 말에 동의했다. 3교시가 영어 수업이라고 해서 교과전담 선생님에게 양해를 구해 3교시를 확보했다.

수업을 준비하는 일은 어렵지 않았다. 나는 해마다 교

실에서 혐오를 마주하고, 이는 더 이상 낯설거나 놀라운 현상이 아니다. 그건 아이들에게서 출발한 말이 아님을 안다. 어디에서 왔고 어디로 가는지 알고 있으며 설명할 언어도 있다. 다만 중요한 건 내가 학생들을 믿고, 학생들이 받아들일 수 있게 이야기를 풀어낼 수 있는지다.

수업을 준비하며 나는 자주 심호흡을 했다. 호흡을 내쉴 때마다 새롭게 되새겼다. 은연중에라도 혐오 표현을 내뱉은 학생들을 혐오의 세계에 포함시켜서는 안 된다고. 나는 아이들과 싸우는 게 아니라 한 팀이라고. 교사는 아이들을 판단하는 사람이 아니라 그저 알려주고 안내하는 사람이라고. 혐오 표현 수업을 준비할 때 중요한 것은 자료를 찾고 학습지를 만드는 것이 아니라 내 마음을 잘 바라보고 지키는 일이었다.

이번엔 과학실이 아니라 교실에서 수업을 하기로 했다. 문 앞에서 심호흡을 다시 크게 하고 안으로 들어갔다. 교실에서 보니 과학실에서 만나던 때와는 또 다른 느낌이다. 학생들은 긴장한 표정으로 나를 바라봤다. 다들 알고 있었다. 내가 왜 교실로 왔는지. 나는 차분히 준비한 수업을 시작했다.

"며칠 전 '느금마'라는 말을 과학실에서 듣고 내내 마음이 아프고 힘들었습니다. 난 과학 선생님이니까 과학만 잘 가르치면 되는 걸까, 교실에서 이런 혐오 표현이 아무렇지 않게 오고 가는데 기체의 성질이나 볼록렌즈의 특징을 가르치는 일이 다 무슨 소용인가 싶기도 했어요.

고민 끝에 혐오 표현에 대해 다 같이 생각해보는 수업을 준비했어요. 지난번에도 잠깐 말했지만 이건 현수와 민오만의 문제도 아니에요. 더 커다랗고 아주 오래된 이야기의 한 부분입니다. 오늘 이 수업을 통해 여러분의 생각과 행동이 조금이라도 바뀔 수 있다면 좋겠어요.

저는 이 수업이 한 시간으로는 부족할 것 같아서 2교시까지 연속으로 진행하고 싶었지만 그럴 수 없었어요. 2교시가 체육 수업이기 때문이죠. 혹시 체육 수업을 빼고 계속 이어가도 되나요?"

안 돼요!

즉각적인 반응이 쏟아진다. 체육은 너무 소중하다.

"당연히 안 되겠죠? 어린이에게는 충분히 신체 활동을 하고 움직일 권리가 있어요. 그러니 선생님이 아무리 중요한 이야기를 준비했다고 해도 그 권리를 빼앗으면 안 되는거죠. 그런데, 그 권리가 어린이들에게 처음부터 있었을까요?

어린이는 아주 오래전부터 우리 사회의 약자였습니다. 어린이의 욕구와 권리를 존중해야 한다는 생각은 비교적 최근에 생겨났습니다. 그 전에는 어땠을까요. 어린이는 쉽게 차별당하고 부당한 대우를 받았어요. 심지어 어린이는 때려야 바르게 큰다는 믿음을 가진 사람들이 많았죠. 제가 여러분의 체육 시간을 함부로 빼앗지 못하는 것은 그런 차별에 맞선 많은 사람들의 노력 때문이에요.

역사적으로 인간은 끝없이 서로를 구별 짓고 차별하고 폭력을 휘둘러왔지만, 또 다른 한편에는 그에 맞서 평등한 사회를 위해 노력한 사람들이 언제나 있었어요. 오늘의 수업은 바로 그런 것에 관한 이야기입니다. 시작해보겠습니다."

수업을 여는 활동으로 관련 기사를 함께 읽었다. 기사를 함께 소리 내어 읽는 것은 이것이 우리 교실만의 문제가 아님을 깨닫고, 주제에 더 진지하게 다가가는 효과적인 방법이다. '느금마'라는 발언에서 이 수업이 시작되었으므로 최근 학교에서 '어머니'를 욕설의 의미로 사용하는 세태를 다룬 기사, 그리고 여성이 남성 파트너에 의해 살해당한 통계를 보도한 SBS 기사를 골랐다. 사회에서 혐오 발언이 어떻게 폭력으로 연결되는지를 다룰 의도였다.

기사를 읽는 동안 교실 공기가 무겁게 가라앉았다. 기사를 끝까지 읽고 나는 '86명의 목숨'이라고 조용히 말해보았다(2022년 통계로 남성 파트너에 의해 86명의 여성이 죽었다). 그리고 덧붙였다.

"여러분 상상할 수 있나요. 86명의 삶과 죽음."

교실이 옅은 숨소리도 들리지 않을 만큼 조용해졌다.

"이것은 우리가 눈으로 확인할 수 있는 통계입니다. 살해의 이유와 성별에 일정한 패턴이 있고 해마다 반복돼요. 이것은 개인 간의 갈등을 넘어선 현상입니다. 조금 어려운 말을 알려줄게요."

나는 여기까지 말하고 칠판으로 가서 '구조적 폭력'이라고 쓴다.

다음으로는 혐오 표현이라는 말의 정의를 알아본다. 나는 이런 수업을 할 때마다 그 뜻을 통째로 외우게 한다. 외우는 게 진짜 목적은 아니고 외우기 위해서는 의미를 이해해야 하기 때문에 목적과 수단을 바꾸어 제시하는 것이다. 그런데 뜻을 하나씩 헤아리며 문장을 분석하면 의외로 쉽게 외워지기도 한다. 우리는 혐오 표현의 뜻을 여러 번 소리 내어 읽었다.

혐오 표현이란
① 성별, 장애, 나이, 종교, 지역, 인종, 성적 지향을 이유로
② 개인이나 집단을 모욕하거나 비하하는 표현을 말하며, 단순히 싫어하는 감정의 표출을 넘어
③ 특정 개인, 집단에 대한 차별과 폭력을 부추기고 정당화하는 표현을 말한다.

나는 '정당화'라는 말을 공들여 설명했다. 노 키즈 존이 어떻게 아동 혐오에 의해 정당화되는지로 설명하면 이해가 쉽다. 자신들의 이야기인 만큼 모두 몰입해서 듣는다.

카페나 식당에서 엄청 큰 소리로 말하는 아저씨들을 본 적 있느냐고 물었더니, 아이들이 갑자기 활기를 띠며 손을 들었다.

지난번에 진짜 시끄러운 아저씨가 있었어요!

각자의 경험을 이야기하려고 바빠진 아이들에게 내가 물었다.
"그런데 왜 '노 아저씨 존'은 없는 거예요?"

— 그러네.
— 왜 없지.

"혹시 이게 '느금마'는 있는데 '느그아빠'라는 혐오 표현은 없는 것과 관련이 있을까요?"
잠시 신났던 아이들의 표정에 다시 감도는 진지함. 알 것 같다는 표정, 좀 놀란 표정.
"혐오는 그래요. 만만하고 약한 사람에게로 가요. 그래서 진짜 비겁한 거예요."
이야기를 이어간다. 이번엔 나의 경험이다.

"제가 운전을 해요. 저 사실 운전 되게 잘하거든요? 근데 잠깐 딴생각을 해서 실수로 차선에 제대로 못 끼어들었어요. 그랬을 때 혐오나 편견이 없는 사회라면 저는 그냥 운전에 좀 서툴거나, 잠깐 딴생각을 한 사람이겠죠?

그런데 '여자는 운전을 못한다'라는 고정관념과 편견이 있고 운전하는 여성에게 '김 여사'라고 혐오 표현을 내뱉는 사회라면 어떨까요. 저는 그냥 운전을 못하는 사람이 아니라, 운전 못하는 '여자'가 되죠. '역시 여자는 안 돼', '무슨 여자가 운전을 한다고'. 이런 말을 들어야 해요. 어쩌면 저 스스로도 그런 혐오를 받아들여서 '아, 나는 여자라서 역시 운전을 못하는구나' 하고 자신감을 잃어버릴 수도 있어요."

혐오 피라미드° 그림을 함께 보면서 계속해서 예를 든다. 이야기를 들려주는 것은 중요한 공부가 된다.

"혐오의 피라미드는 어느 시대에나 있었어요. 일제 강점기로 가볼게요. 일본인들은 조선 사람들을 더럽다고 생각했습니다. 이런 걸 뭐라고 하죠?"

편견이요!

°   혐오 피라미드는 편견과 혐오가 어떻게 점차 심각한 차별과 폭력으로 확대되는지 시각화한 모델이다.

"뭐, 혼자 마음속으로 생각하는 것까진 괜찮겠지, 하는 사람도 있을 거예요. 하지만 생각은 결국 말이 되어 나옵니다. 당시 조선 사람들은 '조센징'이라고 불렸어요. 이건 뭘까요?"

혐오 표현이요!

"아직까진 혐오 피라미드의 아래쪽이에요. 하지만 이러한 혐오 표현이 아무런 제재 없이 사용되는 사회에서는 사람들이 혐오를 통해 차별을 정당화하게 돼요. 조선 사람들은 실제로 조선인이라는 이유로 교육이나 일자리 등에서 많은 차별을 받았어요. 이게 피라미드의 중간이죠."

차별 행위요?

"네, 그런데 혐오는 차별로만 끝나지 않아요. 극단적인 혐오는 폭력이 되어 나타납니다. 실제로 조선인들이 일본인들에게 폭력을 당하는 일이 많이 일어났어요."
나는 '증오 범죄'를 가리킨다. 이제 거의 다 와간다.
"마지막으로 피라미드의 끝을 봅시다."
다 같이 읽는다.

집단 학살.

"네. 혐오는 여기까지도 갑니다. 일본인들도 자경단을 만들어 조선인들을 학살했어요. 끔찍하지만 역사적으로 이런 사례는 아주 많이 있어요."

선생님, 그럼 유대인 학살도 피라미드의 맨 꼭대기인 거예요?

적절한 질문이다. 홀로코스트를 혐오의 피라미드로 다시 살펴본다. 그리고 다시 노 키즈 존 이야기로 돌아와 마찬가지로 혐오 피라미드의 맨 아래층부터 적용해본다. 자기들 이야기라 그런지 확실히 흥분된 분위기가 느껴진다.

—*이건 너무 부당하다!*
—*이런 차별이 왜 안 고쳐지는 거야?*

우리는 피라미드 그림을 자세히 본다. 차별 행위는 다른 현상과 뚝 떨어져 혼자 분리될 수 있는 것이 아니다. 그 아래에 수많은 편견과 혐오 표현이 자양분이 되어 차별을 정당화하고 있음을 본다.

자신들이 혐오의 피해자가 되었다는 사실에 한껏 연대하는 학생들에게 나는 다시 묻는다.

"'느금마'는 이 피라미드 어디에 위치합니까?"

교실의 흥분과 활기가 순식간에 가라앉았다. 민오가

부끄럽고 당혹스러운 표정으로 고개를 푹 숙이는 게 보인다. 생각없이 내뱉은 자신의 말이 어디에 있는지, 무엇과 연결되는지 깨달은 것이다. 그리고 저런 표정을 지을 수 있게 된 것이다. 그걸 보며 생각했다. 오늘은 이 정도면 되었다고. 어느새 1교시가 거의 끝나 있었다. 3교시에 이어서 하자고 말하고 교실을 나왔다.

2교시 체육 수업을 마치고 돌아온 아이들은 땀범벅이었다.

"더위와 목마름이 해결되면 시작할게요."

나는 에어컨 온도를 낮추고 아이들이 물을 마시고 자리를 정돈하는 동안 조용히 기다렸다. 1교시에는 수업 몰입도가 좋았는데 그걸 이어가기는 어렵게 되었다. 주어진 상황을 있는 그대로 수용한다. 할 수 있는 만큼 하면 된다.

범위를 일상으로 좁혀 주변을 돌아보는 활동으로 이어간다. 혐오 표현을 여러 개 제시하고, 일상생활에서 들어본 경험, 들었을 때 나의 느낌, 내가 그것을 혐오 표현으로 인지할 수 있는지의 여부 등을 체크리스트 형식으로 점검했다. 그리고 체크한 개수를 더해 혐오에 대항하는 마음의 힘을 점수로 나타냈다. 혐오 표현에 쉽게 휩쓸리는 사람은 마음의 힘이 약한 사람이라는 관점으로 접근하기 위해서였다.

인터넷에 떠다니는 혐오 표현을 쉽게 따라 하는 친구들은 혐오를 분별하고 저항하는 마음의 힘이 부족한 상태일 수 있음을 설명한다. 욕을 하는 사람이 강하고 폭력적이라는 보통의 인식과 반대로, 혐오와 욕설로밖에 자신의 감정을 나타내지 못하는 사람들이야말로 마음속에 큰 두려움과 불안이 있는 취약한 사람일 수 있다는 것, 자신의 마음을 용기 있게 들여다보고 정확한 말을 고를 힘이 부족한 상태라는 것을 설명한다. 그리고 우리는 모두 배워가는 과정에 있으니, 한 번 혐오 표현을 썼다고 즉시 단죄하고 비난하지는 않기를 당부했다. 중요한 건 서로의 감정과 생각을 이야기하는 것이다. 누구라도 불편함을 느끼면 불편하다고 말할 수 있고, 함께 생각해볼 기회를 가질 수 있어야 한다. 그것을 재차 강조했다.

마지막으로 '느금마'라는 말이 교실에서 나왔을 때 우리 반의 반응이 어땠는지 다시 돌아봤다. 이쯤 되니 모두 무엇이 문제였는지 아는 것 같았다.

"이번에는 제가 수업 시간을 할애해서 교실 속의 혐오 표현을 다 같이 진지하게 생각해보는 기회를 갖도록 도왔어요. 하지만 지금부터는 여러분끼리도 할 수 있어야 해요. 누구든 불편함을 표현하면 함께 그것에 대해 이야기를 나누세요. 불편함을 표현하고, 그것을 존중하는 거예요. 왜 불편한지 듣고 같이 헤아리는 거예요. 어렵지 않습니다. 이것을 우리 반의 문화로 만드세요. 아까 설문지를 보니까 우리 반에는 마음의 힘이 센 사람들이 아주 많았어요. 충분히 할 수 있을 거라고 생각합니다."

돌아가며 수업 소감을 나누는데 민오의 소감이 의미심장했다.

저는 그동안 혐오 표현을 많이 썼는데 이제는 못할 것 같아요.

"안 하겠습니다"가 아니라 "못할 것 같아요"라는 말이 나에게 주는 울림이 크다. 그건 내가 이 수업을 준비하며 가장 바라던 일이었다.

과학 시간 성교육

5학년 2학기 첫 수업. 새로운 단원에서 공부할 내용을 미리 훑어보며 어려운 낱말을 찾고 그걸로 빙고 게임을 하는 단원 도입 활동을 준비했지만, 학생들과 인사를 나누는 순간 마음을 바꿨다. 종이와 글씨 대신 서로의 얼굴을 디 뵈야겠다고 생각했다. 첫 단원의 제목은 '생물과 환경'이었다. 활동지에 '생물'과 '환경'의 뜻이 써 있고 학생들은 빈칸에 알맞은 단어를 찾아 쓰면 되었다. 그러나 나는 준비한 활동지를 나눠주는 대신 서로를 보며 질문하기를 택했다. 적어도 오늘은 그래야 한다는 감이 왔다. 이런 감은 왔을 때 따르는 것이 좋다. 오랫동안 학생들을 가르치고 무수한 시행착오를 겪어내며 얻게 된 감각이므로.

"'생물', '환경'이 무슨 뜻인지 알아요?"

자신 있게 "네"라고 답하는 학생들에게 다시 묻는다.

"그럼 설명할 수도 있어요?"

아이들이 고개를 갸웃거리며 난처한 듯 웃는다. 그리

고 몇몇이 서둘러 먼저 골똘해진다.

움직여요!

가장 먼저 나온 대답.
"오! 그러네. 생물은 움직이는구나."
나는 웃으며 고개를 끄덕이다가 갑자기 멈춘다.
"그럼 식물은? 식물은 움직이지 못하잖아요."

어, 맞네.

"다른 설명이 좀 더 필요하겠어요."
다시 골똘하다가 누군가의 머리 위로 느낌표가 띵 하고 떠오른다.

숨을 쉬어요!

"오! 그러네. 생물은 숨을 쉬는구나."
웃으며 고개를 세차게 끄덕이다 나는 또 멈춘다.
"그럼 우리가 1학기에 배웠던 곰팡이랑 세균은? 호흡 기관이 없어서 숨을 못 쉬는데, 그럼 생물이 아닌가?"

어, 그러네.

다시 골똘해지는 교실. 그러다 띵.

생물은 성장을 해요! 자라나요!

또 띵.

저 또 알았어요! 생물은 번식을 해요!

그러자 한 학생이 "곰팡이도 번식을 하나?" 하고 혼잣말을 한다. 나는 그 말을 듣고 슬픈 표정을 지으며 낮은 목소리로 되물었다.
"곰팡이도 번식을 하냐고?"
그리고 슬프고도 비장한 표정을 유지한 채 덧붙였다.
"제가 여름방학 때 겪은 일 하나를 말해줄까요?"
학생들이 흥미로운 표정으로 어서 이야기를 시작하라고 재촉하는 눈빛을 보낸다.

장마철에 10박 11일 여행을 다녀왔더니 환기를 못한 집 여기저기에 곰팡이가 피어난 이야기를 들려주었다. 이것 때문에 여행 후에 전혀 쉬지 못하고 꼬박 일주일간 곰팡이 대청소를 했다.

나는 어떻게 청소를 했는지, 그러니까 내가 얼마나 고생을 했는지 한참 늘어놓았다.

"나무로 된 많은 것들을 버렸어. 컵걸이, 컵받침, 작은 의자들…. 도저히 못 버리겠는 건 밖으로 가지고 나가서 햇볕에 살균 소독을 했고요, 주방의 모든 그릇을 다시 씻고 커튼과 이불을 새로 빨았어요."

그러고는 다시 그 학생에게 다가가서 조용히 물었다.

"곰팡이도 번식을 하냐고요."

질문을 한 학생과 나머지 아이들이 모두 웃었다.

"곰팡이나 원생생물처럼 단순한 생물일수록 번식은 아주 쉽고 빠르게 이뤄져요. 생김새나 구조가 복잡해질수록 번식도 점차 단순하지가 않아져요."

여기까지 말했을 때 한 학생이 불쑥 물었다.

그럼 사람은 어떻게 번식해요?

이런 질문은 허투루 넘기지 않는다. 성교육으로 가는 중요한 문이다. 학생이 그 문을 열었을 때, 교사가 닫아버리면 안 된다.

나는 자세를 고쳐 선 후에 대답한다.

"아, 인간의 번식이요? 너무 좋은 질문이다! 인간의 번식은 어떨까요? 자, 일단 인간은요, 아무하고나 번식을 하진 않아요. 지나가던 사람이랑 갑자기 '번식하자!' 이럴 순 없거든요."

이 말이 웃긴지 교실이 웃음으로 가득 찬다. 나는 아이들이 다 웃을 때까지 기다렸다가 다시 이야기를 시작한다.

"일단 충분히 성장하고 성숙해야 해요. 자기 자신을 잘 알고 내가 어떨 때 행복한지, 내가 무엇을 좋아하고 또 싫어하는지도 알아가면서요. 그러다 보면 내가 함께 있을 때 마음이 편안하고 행복해지는 사람을 만날 수도 있어요. 꼭 만나야 하는 건 아니지만요. 자, 그런데 만났다고 또 바로 번식을 하진 않아요."

여기까지 말했더니 또 웃음이 터진다. 기다렸다가 다시 시작한다.

"인간은 사랑하는 사람을 만나면 그 사람과 꼭 안고 싶어지거든요? 그리고 서로의 몸을 만져보고도 싶죠. 그리고 입을 맞추고도 싶고요. 아! 이럴 수도 있어요. 다 벗고 서로의 진짜 있는 그대로를 보고 싶기도 해요. 알몸으로 꼭 껴안고 서로의 몸을 느껴보고 싶어지죠."

여기저기서 "으-" 하는 소리가 터져 나온다. 일단은 못 들은 척한다.

"그리고 여러분도 다 성교육을 받아서 알겠지만, 그런 행위 도중에 남자와 여자의 성기가 서로 결합하면서 보통은 남자의 성기를 여자의 성기에 삽입한다고도 하는데, 사실 이건 남자 중심의 말이에요. 여자를 기준으로 삼으면 여자의 성기가 남자의 성기를 흡입한다고도 표현할 수 있어요. 드디어 번식의 가능성이 생기는 거예요. 그런데! 인간은 꼭 번식을 위해서만 그렇게 하는 건 아니에요. 즐겁고 행복하니까 하기도 하거든요. 그럴 땐 임신이 되지 않게, 그러니까 정자와 난자가 만나서 새로운 세포가 되지 않게 여러 방법을 사용해요. 그러니까 인간의 번식 활동은 정말 간단하지 않죠?"

학생들의 반응에도 아랑곳하지 않고 태연하게 설명을 마친 내가 아이들을 둘러보며 묻는다.

"여러분. 이런 말을 듣는 게 불편해요? 이상해요? 저는 여러분이 이 이야기를 이렇게 불편해하는 게 이상해요. 이런 행동을 가리켜 성적 행동이라고 하는데요, 성적인 행동이 없다면 우린 이 세상에 존재하지도 못했어요. 이건 바로 우리가 어떻게 이 지구에 나타나게 되었는가의 문제라고요. 서로 자유로운 상태에서 충분히 동의했다면 이건 이상한 행동이 전혀 아니에요. 오히려 아주 흥미롭고 정답고 즐거운 일이죠."

나는 그것이 얼마나 흥미롭고 정답고 즐거운 일인지 상상이라도 하는 것처럼 웃으며 잠시 먼 허공을 바라보았다. 그리고 다시 학생들과 눈을 골고루 맞추며 진지한 표정을 지어 보인다.

"문제는 상대방의 동의를 얻지 않고, 혹은 동의를 확실하게 표현하기 어려운 상황에서 자기가 하고 싶은 대로 하는 거예요. 그건 성적 행동과는 전혀 관련이 없죠."

폭력이죠.

아이들이 얼른 내 말을 받는다.

"그렇죠. 그건 그냥 폭력이에요. 여러분이 지금 어색하고 불편한 건 우리 사회가 이런 이야기들을 충분히 밝은 곳에서 정확하게 나누지 않기 때문이에요. 많은 어른들이 이런 이야기를 꼭꼭 숨기고 어두운 곳에서 비밀스럽게 해야 한다고 생각하는 것 같아요. 하지만 저는 그렇게 생각하지 않아요. 이건 아주 중요한 이야기예요. 모두가 정확히 알아야 해요. 중요한 건 동의와 존중이고, 그것만 있다면 누구와도 몸으로 사랑을 나눌 수 있죠. 이상한 일도 야한 행동도 아니에요. 더러운 이야기는 더욱 아니고요. 오히려 이런 이야기를 자꾸 쉬쉬하니까 성폭력이 일어나도 쉬쉬하게 되는 것이기도 해요.

대신 여러분의 몸은 계속 자라고 있으니 지금은 자신의 성장에 좀 더 집중해야 해요. 성적 행동은 나 자신이 충분히 성숙하고 성장한 후에 하는 거예요. 나를 충분히 잘 알고 돌볼 수 있는 상태에서 말이에요. 그리고 어른이 되었는데도 성적 행동을 하고 싶지 않을 수도 있어요. 이건 선택이에요. 여러분이 무엇을 원하는지 알고 선택하면 됩니다. 중요한 건 상대방의 적극적인 동의를 얻었는가예요.

내가 나를 알고 충분히 성장하고, 마음에 드는 짝을 만나고 또 상대방의 동의를 얻고…. 인간의 '번식'은 간단치가 않죠? 곰팡이와는 다르죠?"

성교육을 할 때는 학생들의 순간순간의 표정과 몸짓을 주의 깊게 보는 편이다. 처음 느낀 거북함이 일시에 사라지는 건 아니지만 그래도 서서히 '아, 이런 이야기를 이렇게 편하게도 할 수 있구나' 하고 받아들이는 게 느껴진다.

혹은 처음부터 이런 이야기라면 잘 안다는 듯한 표정을 짓는 학생도 있다. 필요한 성교육을 집에서 제때 잘 받은, 운이 좋은 학생들이다. 그 학생들의 표정에서는 이걸 선생님이 학교에서 말해주니까 좋고 안심이 되는 듯한 마음도 읽힌다. 그러니까 성교육을 적극적으로 하지 않는 사회에서, 혼자만 집에서 이런 이야기를 들으면 좀 불안한 것이다.

별이 생각도 난다. 별이는 이미 어린이집에 다닐 때부터 나에게 성교육을 틈나는 대로 받아서 이런 이야기가 전혀 별스럽거나 어색한 주제가 아니다. 그렇지만 학교에 가면 그곳은 다르다는 걸, 다른 공기와 암묵적인 규칙이 있다는 걸 감지할 것이다. 그 차이는 별이가 오롯이 감당해야 한다. 그런데 학교 수업 시간에 선생님이 엄마가 했던 이야기를 친구들에게 들려준다면 어떨까. 조금 안심이 되지 않을까.

성교육이라는 것은 특별한 전문가가 특별한 수업으로 수행하는 것이 아니라 교사나 보호자가 언제든지 아이가 궁금해할 때 편안하게 해줄 수 있는 것이어야 한다. 오늘처럼.

성교육의 고개를 넘어 다시 수업 주제로 돌아왔을 때 은아의 눈이 불현듯 커지더니 손을 들고 외쳤다.

생물은! 죽어요!!!!

교실에 '와하하' 웃음이 터졌다. 나는 웃지 않았다. 놀란 표정을 지으며 은아에게 가까이 다가갔다.

"정말 멋지다. 난 왜 그 생각을 못했죠? 맞잖아요. 생물은 죽어요! 죽을 수 있어야 생물이에요. (필통을 들어 보이며) 이건 못 죽잖아요."

큰 깨달음으로 충격을 받은 듯한 표정을 짓고 높이 들었던 필통을 내려놓았다. 교실이 함께 조용해졌다.

"우린 지금 이렇게 한 교실에서 웃고 말하고 공부하지만 언젠가는 죽어서 다시 자연으로 돌아가게 되겠죠?"

장난스럽게 우는 시늉을 하는 아이도 있었지만 잠깐 동안 우리는 서로를 가만히 바라보게 되었다. 그 찰나의 순간이 귀하고 신비롭다는 생각을 했다. 다들 비슷한 마음이었을 것이다.

동료 장학

동료 장학 주간이지만 교사들은 서로의 교실 문턱을 넘지 않는다. 교장과 교감만 이 교실 저 교실로 바쁘게 다닐 뿐이다. 동료 장학인데 수업을 보는 사람이 관리자뿐인 게, 나만 이상한가.

교사들 사이에서는 서로의 수업을 보지 않는 것이 불문율이 된 듯하다. 언제나 다른 교실이 궁금했던 나는 저연차 시절에 정년을 앞둔 선배 교사의 수업을 처음부터 끝까지 맑은 눈으로 참관했다가 뒤에서 엄청 욕을 먹은 적이 있다. 젊은 교사가 정년을 앞둔 교사의 수업을 끝까지 다 보는 건 건방지고 존중이 없는 행동이라는 것이다.

이러한 교직 문화가 생긴 건 단지 교사 개개인이 게으르거나 이기적이어서가 아니다. 매일 하는 수업을 공개하는 것이 이토록 두렵고 부담스러운 일이 된 이유는 '수업 공개'는 곧 '평가'라는 공식 때문이다. 평가에서 자유로운 사람이 있을까. 우리는 살면서 노력과 과정보다 눈에 보이는 성과로 평가당하는 문화에 절여졌다. 수업은 삶의 한 부분이다. 교사의 삶과 아이들의 삶이 서로 만나고 부딪치고 공명하는 것이 수업이다. 우리의 삶을 한 가지 기준으로 평가할 수 없듯, 수업이란 것도 잘함과 못함으로 나누는 기준이 한 가지일 수 없다.

부적응 행동을 하는 한 명의 학생으로 인해 수업이 중단되거나 원활하게 이루어지지 못하는 상황이 되었다고 하자. 그래서 그 차시의 수업 목표에 도달하지 못했다고 하자. 그럼 실패한 수업인가. 그렇지 않다. 교사가 학생들과 문제 상황에 대해 이야기를 나누고, 당장 해결하지는 못해도 문제를 함께 겪어내는 시간 자체가 교육이다. 삶도 교육도 과정이다. 우리는 모두 과정 중에 있다. 교사가 단위 수업의 차시 목표 도달을 위해 공동체의 문제를 모른 척하고 수업을 잘 마쳤다고 해서 그걸 잘한 수업이라 말할 수는 없다. 하지만 우리는 대개 중간에 수업이 중단되면 공개수업을 '망쳤다'라고 말할 것이다. 남들의 평가 이전에 나 역시 내 수업에 대해 하나의 잣대로만 평가할 준비가 되어 있는지도 모른다. 그러니 누가, 흔쾌히 수업 공개를 하고 싶겠는가. 솔직히 말하자면 나도 아니다.

수업을 공개하는 사람이나 참관하는 사람이나, 교실에서 벌어지는 일을 있는 그대로 존중하며 바라볼 수 있다면 수업 공개가 이렇게 부담스러운 일이 되지는 않을 것이다. 한편으로는 교실에 어른 한 명이 더 있다는 게 얼마나 좋은 일인가 생각해본다. 수업 참관이라는 것이, 취조실 거울처럼 참관자가 한쪽에서 그저 수업을 관찰하는 게 아니라 함께 참여할 수도 있는 것이다. 교실에 낯선 어른이 등장하는 것은 어차피 그 자체로 수업에 큰 변수가 된다. 그 변수를 함께 받아 안는 것이, 모른 척 시치미를 떼고 학생들을 관찰 대상으로 위치시키는 것보다 진실된다.

앞서 수업을 공개한 동료들이 수업 때 누가 왔는지(교장이 오거나, 교감이 오거나, 둘 다 오거나의 세 가지 옵션뿐이다) 이야기하는 것을 옆에서 듣다가, 교장이나 교감 말고 진짜 동료가 내 수업을 봐주면 좋겠다는 생각이 들었다. 문득 내가 먼저 초대를 해야겠다는 아이디어가 떠올랐다. 불문율상 따로 말하지 않으면 오고 싶어도 올 수가 없을 테니 직접 말을 해야겠다. 나는 지난번 우리 교실에 놀러왔던 서 선생님을 초대했다.

기뻐하며 초대에 응하던 서 선생님은 시간표를 확인하고는 그 시간이 교과전담 시간이 아니어서 올 수 없다고 아쉬워했다. 나는 교무실로 가서 교감 선생님에게 내 공개 수업 시간에 서 선생님 반에 보결 들어가주실 수 있는지 물었다.

"저연차 선생님들을 위해 따로 도와드릴 건 없지만, 수업 한 시간 보여드리는 것 정도는 할 수 있고, 또 해야 하지 않을까 싶어서요."

교감 선생님은 흔쾌히 보결 강사를 구해주었다. 나는 오늘 교장, 교감, 서 선생님이 참관하는 가운데 공개수업을 했다. 그러니까 나는 적어도 '동료' 장학을 한 것이다. 관리자만 들어오는 동료 장학의 실태를 비판만 하고 지나갈 수 있었지만, 나는 관리자 장학을 동료 장학으로 바꾸어냈다. 뭐 대단한 수업을 보여줄 것도 아니면서 후배 교사를 초대하자니 좀 용기가 필요했지만 대단한 수업이 아니라서 초대한 것이기도 하다. 대단한 수업을 준비했다면 오히려 민망하고 부끄러워 초대하지 않았을 것이다.

오늘 과학 수업은 바람이 부는 까닭을 실험을 통해 알아보는 활동이었다. 우리는 평소처럼 서로 대화하듯 먼저 배운 내용을 복습하고, 실험 순서를 배우고, 공들여 실험을 하고, 결과를 함께 정리했다. 내 수업은 특별한 게 없는 아주 평범한 수업이다. 하지만 내 수업에서는 아이들과 내가 만난다. 아이들끼리도 만난다. 내가 서 선생님께 보여주고 싶었던 건 그러한 만남의 순간이었다. 보셨을지는 모르겠다.

화가 나더라도 나를
아프게 하지는 않기

 오늘 6학년 과학 수업 주제는 전자석 만들기였다. 활동을 마친 후 시간이 남아서, 전자석으로 클립을 빈 컵에 옮겨 담는 간단한 놀이를 했다. 전자석은 전기가 흐를 때만 자석의 성질을 띠기 때문에 클립을 옮기려면 전기회로의 스위치를 조작하는 사람과 전자석을 들고 있는 사람 간의 호흡이 중요했다.

 즐겁게 게임을 마치고 수업을 마무리할 때였다. 갑자기 연호가 책상에 머리를 쿵쿵 찧기 시작했다. 놀란 친구들의 관심이 집중되자 점점 강도가 세졌다. 나는 일단 연호를 멈추게 하고 수업을 서둘러 마쳤다. 학생들을 교실로 돌려보내고 연호와 마주 앉았다.

 연호는 빨개진 얼굴로 책상을 노려보고 있었다. 왜 그런 행동을 했는지 묻자 작게 중얼거리며 무슨 말을 하려다 말고, 또 하려다 말고 했는데, 가만히 들어보니 욕이었다.

에이씨… 에이씨… 씨발.

씨… 씨발.

클립이 안 옮겨지잖아요.

에이 씨발. 꼴랑 다섯 개 옮겼다고요.

진짜 우리 것만 고장이 났어요.

"그래? 이상하다. 전자석은 전기가 흐르면 자석이 되는데?"

나는 한쪽에 정리되어 있던 실험 바구니를 가져오며 말했다.

안 됐다고요! 우리 것만!

"그럼 나랑 다시 해볼까?"

나는 전기회로를 만들고 스위치를 닫았다. 클립은 문제없이 잘 붙었다. 연호는 조금 당황한 표정이다.

아까는 안 됐어요. 분명히 고장난 거예요. 꼴랑 씨발 다섯 개….

나는 고개를 갸웃거리며 대답한다.

"이상하다. 과학은 그렇지 않아. 과학은 아까 안 되었으면 지금도 안 되어야 하는데… 지금 된다면 아까도 되었어야 하고. 고것 참 이상하다. 이건 과학이 아니고 미스터리네 완전?"

나는 연신 이상하다고 말하며 클립을 이쪽 저쪽으로 옮겨보다가, 문득 생각이 떠올랐다는 듯 물었다.

"혹시, 스위치를 조절한 친구랑 호흡이 좀 안 맞았을까? 그러니까 네가 클립에 전자석을 댔을 때 스위치가 떨어져 있으면, 전기가 흐르지 않아서 클립이 안 옮겨졌겠지?"

나는 스위치를 연 채로 전자석에 클립을 대어보며 천천히 조심스럽게 말했다. 클립은 꼼짝도 하지 않고 제자리에 있었다. 내내 고개를 숙이고 있던 연호가 고개를 들어 나를 쳐다봤다. 연호와 눈이 마주쳤을 때 나는 작게 웃어 보였다.

"연호야. 세상일이 내 뜻대로 잘 안 되면 화가 날 수도 있어. 다른 모둠은 클립을 엄청 쉽게 쉽게 옮기는데 고작 다섯 개밖에 못 옮겼다니 얼마나 답답했을까. 근데 살다 보면 이렇게 뭐가 잘 안 되고, 안 풀리고, 뜻대로 안 되는 경우는 많잖아. 너도 살아오면서 많이 겪어봤지?"

연호가 고개를 끄덕인다.

"궁금한 게 하나 있는데 말해줄래? 혹시 화가 났을 때 너를 아프게 하는 방법으로 화를 낸 적이 오늘 말고도 또 있었니?"

네, 엄청 많았어요. 물건을 던져본 적도 있고요, 소리를 친 적도 많아요. 지금보다 훨씬 심했어요!

나는 안도하듯 크게 웃어 보이며 다시 물었다.
"와, 그럼 지금은 그때에 비하면 많이 좋아진 거네?"

네.

연호는 뿌듯한 표정으로 대답했다.

"아, 좋아지는 과정이구나. 휴."
나는 과장되게 한숨을 쉬어 보이며 덧붙였다.
"그렇다면 걱정을 좀 덜어도 되겠다. 좋아지는 과정이니까. 점점 좋아질 거니까. 그치? 근데 오늘 여기서 나랑 약속 하나만 해. 화가 나도 나를 아프게 하지는 않는다. 나 자신을 학대하는 방법이 아니라 화를 낼 다른 방법을 찾아본다. 이렇게 약속해줄 수 있어?"

네. 약속할게요.

"이건 꼭 지켜줘야 돼. 화를 내는 게 서툴 수는 있어. 그것도 배워야 하거든. 근데 너를 아프게 하면 안 돼. 네가 너를 때리고 싶을 때, 너를 아프게 하고 싶을 때 오늘 나랑 한 약속을 꼭 떠올려야 된다?"

같은 말을 반복하는 나를 빤히 보던 연호는 갑자기 새끼손가락을 내밀었다. 정말 알겠다는 듯. 걱정 말라는 듯.

나도 내 손가락을 걸었다. 그리고 꽉 힘을 주었다.

진짜 약속이다.

연호를 교실로 보내자, 바로 5학년이 들어왔다. 쉬는 시간이 끝난 것이다. 화장실도 못 갔는데.

"선생님 오줌 좀 싸고 올게요. 제가 쉬는 시간에 못 쉬었어요!"

급하게 과학실을 뛰쳐나가는 나를 아이들이 웃으며 바라봤다.

사랑이라는 전문성

'사랑'이라는 말을 요즘 많이 떠올린다. 교사의 전문성이 사랑이라고 하면 논쟁의 여지가 있을 것이다. 특히 여성 교사가 다수인 초등학교에서 교직 수행을 사랑과 관련짓는 것이 흔히 '모성'이나 성 역할로 연결되기 쉬운 현실의 맥락에서는 더욱 그렇다. 하지만 아무리 생각해도 사랑만 한 전문성을 나는 찾기가 어렵다. 돌봄과 교육의 영역에서만 사랑이 필요한 것 같지도 않다. 무엇을 하든 사랑이 필요하다. 일의 종류와 상관 없이, 더 잘하고 싶은 마음이 사랑에서 올 때 그 사랑이 얼마나 놀라운 일을 해내는가.

준서는 수업 활동에 전혀 집중하지 못한다. 일단 교과서를 펼치는 것부터 쉽지 않다. 콕 집어서 "준서야, 교과서 펼쳐야지"라고 말해도 그것이 행동으로 이어지는 데는 한참의 시간이 걸린다. 교사에게 반항하려고 일부러 시간을 끄는 것이 아니라 목표 과제가 행동으로 이어지기까지 여러 층위의 어려움이 있는 것으로 보인다. 지우개똥을 만들거나 온갖 잡다한 문구류, 동전 등을 책상 위에 늘어뜨리고 만지작거리면서 수업 시간을 다 보낸다. 모둠 활동에는 거의 참여하지 않아서 다른 친구들도 준서에게 어떤 역할을 기대하지 않는 것 같다. 과학 실험 준비물을 실험 전에 미리 만지며 흩뜨려놓지나 않으면 다행이다(하지만 보통은 그렇게 한다).

나는 준서를 일주일에 세 번 만난다. 준서를 보면 한없이 안쓰러운 마음이 든다. 내 수업만의 문제가 아니다. 준서는 남은 학창 시절을 통과하며 숱하게 지적을 받고 또래에게 낙인찍히는 일을 겪어갈 것이다. 준서가 수업 시간에 보이는 무수한 부적절한 행동 너머로, 준서가 고스란히 감내해야 할 외로움이 보인다. 나는 아주 조금이라도 준서에게 위로가 되어주고 싶다고, 과학실이 준서가 학교에서 잠깐이나마 마음 편히 존재할 수 있는 공간이 되었으면 좋겠다는 생각을 한다. 이건 교사로서 학생을 바라보는 마음 이전에, 한 세상을 살아내야 하는 존재 대 존재로서의 사랑이다.

오늘 과학 수업은 태양의 남중고도와 기온을 그래프로 나타내는 활동을 했다. 투명한 그래프가 교과서 부록으로 딸려 있는데, 준서에게는 부록을 손으로 뜯어내는 것부터가 큰 장벽이다. 친구들이 종이를 접어서 척척 뜯어낼 때 준서는 여전히 지우개똥을 책상 위에 문지르고 있다. "준서야, 붙임자료를 뜯자"라고 세 번 정도 말했지만 귀로만 들을 뿐 손에서 지우개똥을 놓지 못한다. 준서는 여전히 지우개를 만지작거리며 자신에게 무언가를 말하는 내 얼굴을 빤히 바라본다. 나는 감정을 담지 않고 다시 부드럽게 안내한다.

"준서야, 옆에 친구 하고 있는 거 보이지? 교과서 뒤에 보면 붙임자료가 있어. 찾을 수 있어?"

과제를 좀 더 작게 제시하자 교과서를 뒤적여 찾아는 본다. 그리고 다시 지우개로 손이 간다.

"뜯으려면 한 번 접어야 해. 접을 수 있어?"

그제야 지우개에서 손을 떼고 부록을 접는다. 그리고 뜯는다. 모두 세 장을 뜯어야 하는데 손이 많이 가는 작업이라 조금 하다가 말아버린다. 나는 다시 준서에게 간다.

"나는 너를 사랑하고 아끼기 때문에 너에게 필요하다면 열 번 스무 번이라도 계속 똑같은 안내를 해줄 수 있어. 하지만 같은 말을 여러 번 계속하는 건 솔직히 말하자면 조금 지치고 힘들 때도 있어. 너에게 필요하다면 할 수 있는 일이지만."

내 말에 준서는 미안하다는 듯이 작게 웃더니 지우개를 손에서 놓고 다시 부록을 뜯기 시작했다.

표에 있는 자료를 그래프로 옮기는 활동으로 넘어갔을

때, 준서는 다시 지우개 만지는 일로 돌아가 있었다. 붙임 자료는 끝내 다 뜯지 못한 상태였다. 전체적으로 활동 안내를 마치고 개별 시간을 준 후에 나는 준서를 앞으로 나오게 했다. 준서는 교탁을 사이에 두고 내 앞에 섰다. 나는 웃으며 손을 내밀었다.

"아니, 거기 말고 내 옆으로 와봐."

준서는 교탁으로 사용하는 넓은 실험용 책상을 빙 돌아서 내 옆에 섰다. 내가 말했다.

"이건 내가 널 혼내는 게 아니고 정말로 진심으로 물어보는 거야. 지금 너에게는 지우개로 뭔가를 만들고 지우개의 촉감을 느끼는 일이 많이 중요한 것 같아 보여. 그렇지만 지금은 수업 시간이기 때문에 너에게는 다른 할 일이 있지? 자, 그럼 이제 선택을 해야 해. 네가 어떤 선택을 하든 그걸 나도 존중하고 싶어서 물어보는 거야. 이건 다른 수업에서는 통하지 않겠지만 딱 선생님과의 시간에서만 가능한 일인데 잘 들어봐. 자, 지금 네가 진짜로 원하는 걸 잘 생각해보고 말해줘. 지우개를 느끼고 그걸로 무언가를 만드는 것. 그게 가장 중요한 일이면 너에게 너의 시간을 줄게. 정말이야. 그렇지만 지금 수업 시간에 해야 할 일을 조금 어렵더라도 함께 하고 싶은 마음이 있다면, 계속 너를 도울게. 중요한 건 네가 선택해야 한다는 거야. 정말로 지우개 놀이가 네가 지금 바로 여기서 원하는 것인지 생각해보는 거야. 나는 네가 어떤 선택을 하기를 바라고 하는 말이 아니야. 네가 정하면 돼."

그리고 기다렸다. 한참의 시간이 흐른 후에 준서가 침묵을 깨고 말했다.

수업 활동 하고 싶어요.

"그렇구나. 그럼 그렇게 하자."

나는 준서의 손을 잡고 자리로 같이 돌아갔다. 그리고 뜯다 만 부록을 다시 집어 드는 준서의 옆에 섰다. 그 사이에 나머지 학생들은 표의 내용을 그래프로 변환하는 활동을 거의 다 끝내가고 있었다. 속도가 맞지 않았다. 나도 선택을 해야 한다. 나머지 학생들에게 준서를 기다려 달라고 할 수도 있다. 하지만 준서에 대한 반 친구들의 평판을 고려할 때 좋은 생각이 아니다. 나는 준서에게 말했다.

"오늘은 이것만 하자. 끝까지 깔끔하게 뜯는 것. 그리고 그래프를 해석하는 다음 활동은 옆자리 친구 것을 같이 보자."

옆 친구에게 양해를 구한다. 흔쾌히 같이 보겠다고 한다. 나는 진심으로 감사를 표한다. 그리고 기다렸다. 준서가 잔손이 많이 가는 그 작업을 천천히 다 해낼 때까지. 마지막 부록까지 다 뜯자 나는 아주 기뻐하며 말했다.

"우와, 해냈다! 우리 준서가 이거 뜯는 것까지는 했다! 장하다! 집중을 하고 한 가지 일에 주의를 기울이는 데 조금 어려움이 있을 뿐이지 너는 이걸 함께 하고 싶은 마음도 있었던 거네. 그렇다면 나는 그걸 돕는 사람이야. 그걸 위해 내가 지금 여기 있는 거야."

1교시가 끝나고 쉬는 시간이 되었을 때 준서는 이제 마음 놓고 지우개를 탐색했고, 나도 마음 편히 지우개를 가지고 뭘 하는지 구경을 한다. 준서는 손으로는 지우개를 만지면서도 입으로는 끊임없이 수다를 떨었다. "선생님 그거 아세요?"로 시작하는 여러 과학 상식에 대한 이야기였다. 무슨 말인지 잘 이해가 안 되는 것도 있지만 그런 건 중요하지 않다. 나는 그저 준서가 여기 있어줘서 고맙다. 붙임자료를 말끔히 뜯어낸 것이 아무리 생각해도 장하다. 쉬는 시간이 되어 마음껏 하고 싶은 걸 하고 수다를 떠는 모습이 특히 사랑스럽다. 그 모습 그대로, 나를 깎아내리고 들 세상에 지지 말고 꿋꿋하게 자라주기를. 나는 그렇게 쉬는 시간을 준서와 함께 보냈다.

다시 시작된 2교시. 준서는 여전히 수업에 참여하는 데 어려움이 있지만 그래도 1센티미터는 노력을 더 기울이는 것이 내 눈에는 보인다. 이것도 사랑이 있어서 보이는 것이다. 수업으로 학생을 초대하는 것. 그렇게 수업 중에 학생과 연결되는 것. 나는 이것이 교사의 사랑이고, 그것이 교사의 전문성이라는 생각을 한다. 이게 없으면 어떻게 교사 일을 하지. 그런 생각을 요즘 많이 한다.

선생님은 그런 걸
다 어떻게 알아요

4학년 영어 수업에서 쓰기 활동을 시작하려는데 수안이가 대번에 "아 진짜 싫어", "안 하면 안 돼요?" 한다. 그러면서 계속 궁시렁거린다.

> 영어 왜 배워? 어차피 번역기가 다 해. 난 외국 갈 일도 없고, 외국인이랑 말도 안 할 거야. 이거 다 필요 없는 거야.

수안이의 궁시렁이 계속되면서 교실 분위기가 조금씩 흐트러지는 걸 본다. 이럴 땐 어떻게 해야 할까.

내가 가장 먼저 하는 일은 수안이를 있는 그대로 바라보는 일이다. 판단 없이. 그래, 그런 마음이 들 수 있지. 그리고 그것이 온전히 너의 생각만은 아니겠지. 우리는 태어나서 수없이 많은 생각과 말들에 둘러싸여 살게 되니까. 네가 너의 것이라고 믿는 영어에 대한 그 생각이 어디에서 왔든, 어쨌든 지금 너의 현재가 그러하구나. 아마 영어만의 문제는 아니겠지. 삶이 별로 재미가 없구나. 학교에서의 배움이 너의 호기심을 자극하거나 즐거움을 주지 못하고 있구나. 그렇다면 하루하루가 쉽지만은 않겠구나. 매사에 불평하며 학교생활을 한다는 건 무엇보다 자기 자신이 가장 힘든 법이겠지.

그리고 나의 마음을 점검한다. 저렇게 어깃장을 놓는 수안이에 대한 나의 마음이 어떤가.

사랑이라는 전문성을 점검한다. 그런 수안이어도 사랑할 수 있는가. 사랑의 마음으로 어떤 말을 해줄 수 있는가. 어떤 말을 해주고자 한다면, 그것이 정말로 사랑과 존중에서 나오는 것인가. 이 점검에는 내 마음을 있는 그대로 바라보는 능력이 필요하다. 억지로 내 마음을 어떤 방향으로 몰아가려고 하지 않는다.

마음을 가만 들여다봤더니, 사랑이 있다. 나에게는 수안이를 아끼고 수안이가 더 나아질 수 있다는 가능성을 믿는 마음이 있다. 그 마음에 기대어 입을 열기로 한다.

내 마음에 사랑이 없다면 그냥 넘어갔을 것이다. 수업 중에 나오는 부정적인 반응에 일일이 대꾸를 하는 것이 좋은 방법이 아닐 때도 많다. 적당히 넘기거나 못 들은 척하는 게 좋을 수도 있다. 판단은 수업을 이끄는 교사의 몫이다. 정답이 없다. 오늘은 그냥 지나가지 않기로 나는 결정했다. 다만 그 바탕이 사랑인지 점검한 후에.

수안이의 말에 직접적인 코멘트를 하는 대신 다른 방향에서 접근한다.

"여러분. 무언가를 할 때 질문을 하는 건 참 중요해요. 이걸 왜 하는지, 왜 해야 하는지 질문하는 건 필요하죠. 저는 그런 질문들이 무척 멋지고 소중하다고 생각합니다. 그런데 같은 질문이지만 전혀 다른 마음에서 출발하는 경우가 있어요. 정말 호기심을 가지고 '이걸 왜 하지? 왜 해야 하지?' 하고 묻는 것과(나는 반짝이는 눈과 진지한 표정을 지어 보인다) 당장 귀찮고 하기 싫은 마음에 '아 이걸 대체 왜 해? 왜 하는 거야?' 하고 묻는 것(이번에는 아주 짜증스러운 표정을 지어 보인다). 어때요. 분명 같은 질문인데 전혀 다른 방향을 향하고 있죠?

여러분의 질문이 첫 번째에 해당한다면, 저는 정성스럽게 그 질문에 대한 답을 찾아보고 싶어요. 그런데 두 번째라면, 그때 중요한 것은 질문에 대한 답이 아니라 질문을 하는 사람의 마음과 태도라고 생각해요. 아마도 귀찮고 하기 싫고 어려운 일 앞에서 같은 질문을 반복하고 있을 가능성이 크기 때문이에요.

삶에서 찾아오는 여러가지 새로운 일들을 그런 마음으로 대한다면, 아마 그 사람의 삶의 영역은 점점점 좁아질 거예요. 더 넓어지고 다양해지는 게 아니라 점점점 단조롭고 좁아지는 방향이 되겠죠.

'이걸 왜 하지. 난 영어를 사용하면서 살 것도 아닌데'

에 대한 선생님의 답은 이거예요. 그런 질문을 왜 하지? (웃으며 부드럽게 말한다. 정말로 그 마음이 궁금하다는 듯이. 그 마음을 함께 들여다보고 점검해보기 위해 손을 내미는 마음으로.) 그 질문은 수안이의 어떤 마음에서 나오는 거지?"

여기까지 말했을 때였다. 수안이뿐만 아니라 나머지 학생들도 모두 조용히 내 말을 경청하느라 조용했는데, 그중 가장 골똘히 그 말을 듣던 규영이가 물었다.

선생님. 선생님은 그런 걸 다 어떻게 알아요?

내가 규영이의 질문의 요지를 순간적으로 파악하지 못해서 눈을 끔뻑거리고 있을 때 지후가 말했다.

선생님이 터득한 거지. 지혜가 있으시니까.

나는 그제야 규영이가 한 말의 의미를 깨닫고 웃으며 말했다.
"저도 이런 걸 잘 모르고 한참 살았어요. 그런데 이렇게 살면 좀 덜 행복하고 좀 덜 멋진데, 하면서 다르게 해보기로 결심하고 조금씩 조금씩 알게 된 거예요."

규영이는 전반적인 학습과 학교생활에 어려움이 있는

학생이다. 특히 영어는 기초 파닉스가 학습되어 있지 않아 알파벳과 쉬운 단어를 읽는 것도 어려워한다. 그런 규영이가 수업 시간에 영어 단어를 완전히 잘못 읽었을 때 반 아이들이 "와" 하고 웃는 걸 보고 나는 아주 단호하게 대처한 적이 있다. 아마 내가 학생들에게 보일 수 있는 가장 엄격한 표정과 말투였을 것이다. 그 뒤로 규영이는 점차 영어 시간에 적극적으로 참여하는 모습을 보였다. 첫 시간에 수업 활동에 전혀 관심이 없고 쓰기나 말하기를 할 때도 멍하게 있었던 것과 비교하면 엄청난 변화이다.

그런 규영이의 질문이었다.

선생님은 그런 걸 다 어떻게 알아요?

자신의 질문에 답하는 나를 골똘한 표정으로 바라보는 규영이를 나도 바라보았다. 우리는 서로 그렇게 잠시 바라보았다. 내가 규영이를 눈빛으로 응원하고 있다는 걸, 규영이도, 다른 학생들도 그 순간 모두 알았을 것이다.

수안이는 더는 불평하지 않고 영어 단어를 썼다. 아주 바른 글씨였다.

각자의 바다에서 웃었다

"오늘 과학 공부를 하려면 어딜 잠깐 다녀와야 해요. 아주 멀리 가야 해요. 자, 눈을 감아보세요. 우리는 상상력이 있어서 눈을 감으면 어디든 갈 수 있어요."

어딜 간다는 말에 눈이 커졌던 아이들이 실망했다는 듯 바람 빠지는 소리를 내며 눈을 감는다. 나는 아이들이 모두 눈을 감을 때까지 기다린다. 교실이 조용해진다. 나는 차분한 목소리로 상상 여행을 안내한다.

"바다가 보입니다.

하늘이 아주 맑고 햇볕이 쨍쨍한 여름이에요.

파아란 바다에 파도가 잔잔히 밀려왔다가 사라지고 밀려왔다가 사라지고 있어요.

저기 멀리 수평선이 보이네요.

모래사장이 아주 넓게 펼쳐져 있어요.

시원한 바닷바람이 불어와서 내 머리카락이 날려요.

와, 시원하다.

자, 이제 신발을 벗고 양말을 벗어요.
아니아니, 진짜로 벗으면 안 되고 상상 속에서.
모래사장에 발을 디뎌요. 따뜻해요.
오래 서 있으니 좀 뜨거워요.
한 발 한 발 바다로 걸어가봅니다.
모래의 감촉이 아주 부드러워요.

하늘을 봐요.
햇볕이 이글이글 타오르고 있어요. 눈이 부셔요.
이제 바다에 발을 담가볼 거예요.
바지를 허벅지까지 걷어 올려요.
바다에 발을 담가요.
바닷물이 발목까지 차올랐어요.
와, 시원해요.
정말 시원하다.
좀 더 가봅니다. 무릎까지. 허벅지까지. 가슴까지.
에라 모르겠다.
풍덩 들어가 잠수를 해요. 수영을 해요.
내 몸이 바다에 둥둥 떠 있어요. 너무 시원해요.
오래 있었더니 좀 서늘하고 추워져서 이제는 다시 물 밖으로 나가고 싶어졌어요. (안 돼요 더 하고 싶어요!)

아니야 감기 걸릴 것 같아. 이젠 나와야 해.

이제 모래사장으로 다시 나왔어요.
발바닥에 닿은 모래가 따뜻해요.
뜨거운 모래를 발로 느끼면서 바다를 봐요.
바닷물은 아주 시원했는데.
그리고 하늘을 봐요.
하늘엔 태양이 이글이글 타오르고 있어요.
자, 눈을 뜨고 다시 과학실로 오세요."

바다 여행을 마치고 온 아이들의 표정이 말갛다. 정말 어디 멀리 다녀온 사람들 같다. 눈을 뜨거나 장난을 치는 사람이 있을 법도 한데 세 반을 통틀어 그런 사람은 아무도 없었다. 모두 각자의 바다를 만들고 거기서 한참을 쉬다 온 것처럼 보였다.

나도 함께 눈을 감고 안내를 하다가 중간에 잠깐 눈을 떠서 아이들의 표정을 보았다. 꿈을 꾸듯 깊게 몰입해 있는 표정들이 얼마나 예뻤는지 말이나 글로 표현하는 게 가능할까. 나는 그저 이 귀한 표정을 볼 수 있는 것은 지금 여기의 나뿐이라는 사실을 감사하고 소중하게 받아들이기로 했다.

수영을 할 때 팔과 다리를 허우적대며 빙그레 웃는 아이가 있었다. 태양을 보자고 할 때 위를 보고 얼굴을 찡그리는 아이도 있었고, 모래가 뜨겁다고 할 때 발을 바닥에서 떨어뜨리며 "아이고 아이고" 소리를 내는 아이도 있었다. 그 소리에 다 같이 웃었다. 각자의 바다에서 웃었다.

바로 옆의 운동장 체육 수업에서 틀어놓은 음악이 1층 과학실까지 들려왔을 때, 내가 "저기 바닷가 어딘가에서 음악 소리도 들리네요"라고 하자, 모두 "와하하" 하고 눈을 감은 채로 크게 웃었다. 눈을 뜬 아이들에게 물었다.

"자, 이제 과학자처럼 우리가 경험한 자연현상에서 문제를 인식하고 탐구 문제를 설정할 거야. 방금 바다에 다녀온 경험에서 뭔가 궁금하거나 이상한 점을 발견한 사람은 손을 들어볼까?"

앞서 과학의 탐구 과정 중 '문제인식'과 '가설설정'에 대해 몇 가지 예를 들어 설명을 한 직후의 활동이었다. 학생들은 곰곰이 생각해보다가 하나둘 손을 든다.

아! 저요! 알 것 같아요!

거의 대부분의 아이들이 손을 들고 나를 보고 있고, 서너 명의 아이들만 아직 잘 모르겠다는 표정을 지은 채로 골똘하다. 그런 가운데 유리는 아직 바닷가에 있는 것 같은 표정으로 그저, "난 그냥 바다가 좋았어" 하고 말갛게 웃고 있다. 내가 유리 곁에 다가가 손뼉을 치며 "자자, 이제 과학실로 왔어. 이제 여기 왔어. 우리 과학 공부 하자"

한다. 유리도 웃고 아이들도 웃는다.

—햇볕을 똑같이 받았는데 모래는 뜨겁고 바닷물은 시원한 게 이상해요.
—똑같은 장소에서 똑같이 햇볕을 받았는데 왜 모래와 바닷물의 온도가 다른지 궁금해요.

과학의 첫 단원, '과학자처럼 탐구하기'에서 물과 모래의 비열의 차이를 주제로 탐구과정을 배우는 공부였다. 학생들은 모두 순조롭게 문제인식에 성공했고, 우리는 가설을 설정하고 다음 시간에 있을 실험을 미리 계획해보는 것까지 마친 후 헤어졌다.

바다를 상상하던 한 사람 한 사람의 표정이 자꾸 떠오른다. 그렇다. 눈만 감으면 어디든 갈 수 있다. 각자의 바다로 떠날 수 있다. 혼자 해도 좋은 그 여행을 아이들과 함께 할 수 있어 좋은 날이었다.

무대가 된 과학실

5학년은 외부 강사 수업으로 뮤지컬을 배우면서 〈빨래〉 공연을 준비하고 있다. 과학실에 와서 배우고 있는 노래를 내게 들려주기도 했는데, 그게 너무 좋아서 몇 번 더 청해서 들었다. 얼마 전에는 복도를 지나다가 소품과 의상을 모두 갖추고 교실에서 동선을 맞춰 드레스리허설 하는 장면을 복도 창문 너머로 구경하다 주책맞게 눈물을 줄줄 흘렸다. 아이들이 서로 호흡을 맞춰 열심을 내는 게 너무 장해 눈물이 났다.

교직 초반 5년여간 어린이연극에 몸과 마음을 바쳤다. 아이들과 여러 편의 연극을 올렸고, 어린이연극 연출에 관한 책(『온 스테이지』라는 제목으로, 지금은 절판되었다)을 번역하기도 했다. 스물다섯 명의 반 아이들이 모두 출연하는 연극을 만들어 국립극장 별오름에서 공연을 하기도 했는데, 지금 생각해보면 그것은 이십대의 건강과 패기가 있었기에 가능했던 일이다.

복도에 서서 눈물을 줄줄 흘린 건 아마 그 시절의 기억이 떠올라서였을 것이다. 보통 일이 아니다. 다시 하라고 하면 못할 것 같다. 동그랗게 모여 앉아 대사 한 줄 한 줄 인물의 마음을 따라 이렇게 저렇게 읽어보고, 역할을 정하고, 서로 호흡을 맞춰 대사를 주고받고, 동선을 정하고, 소품을 함께 만들고, 음악을 고르고, 조명과 맞춰보고….

어른들의 연극도 마찬가지겠지만, 특히 어린이들의 연극에서는 본격적인 연습 전에 몸과 상상력을 이용해 최대한 많이 놀아야 한다. 그래야 무대 위에서 자유로운 연기를 할 수 있다. 정규 수업을 다 마치고 우리는 교실에 남아서 연극 놀이를 한참 하고는 대본을 분석해서 동선을 짰다. 공연 날짜가 다가왔을 때는 5시가 넘어서까지 교실에 남아 연습을 했다. (각 가정에는 두 달만 학원 수업을 빼달라고 긴 편지를 보냈고 모두 협조해주셨다. 지금 생각하면 그게 어떻게 가능했을까 싶다.) 국립극장 별오름에서 나는 객석에 혼자 앉아 나 없이 무대 위에서 호흡을 맞추는 아이들을 보며 끅끅 소리를 참으며 울었다. 그런 순간에 왜 웃음보다 눈물이 나온 건지 모르겠지만 너무 행복하고 마음이 벅찼던 기억만은 선명하다.

그 열정과 사랑이 서서히 흩어져 지금은 어떤 모양으로 다시 배열돼 내 안에 자리하고 있을까 궁금하다. 질량보존의 법칙처럼 모양을 바꾸었을 뿐 뜨겁고 열렬했던 무언가가 여전히 내 삶에 있다고 믿는다. 다만 그때와는 다른 방식으로. 사랑을 하는 방법이 달라진 것이지 사랑은 여전하다. 그때처럼 많은 시간을 헌신하고 몸으로 부대끼며 사랑하는 일은 지금의 내게는 가능하지 않다. 다만 나의 에너지를 아끼면서도 좀 더 요령 있고 노련하게 사랑하는 것은 가능해졌다. 그리고 나는 지금의 방식에 매우 만족하고 있다.

내일이 바로 5학년 아이들이 오랫동안 준비해온 공연 날이다. 오늘은 실제 무대에서의 리허설이 있다고 했다. 나는 2학기 진도를 계획할 때 오늘의 리허설을 위해 진도표를 비워두었다.

"내일 드디어 공연이네요. 과학 수업 후에 마지막 리허설이 있죠? 여러분 많이 긴장되고 마음이 온통 공연에 가 있을 텐데, 그래서 오늘은 과학 진도를 나가지 않으려고 해요. 1단원에서 배운 내용과 관련된 다큐멘터리를 편안하게 보면서 좀 쉬어도 되고, 원한다면 리허설 연습을 해도 좋아요."

아이들은 기뻐하며 과학실 책상과 의자를 모두 앞으로 밀어 넓은 무대를 만들고 리허설을 준비했다. 열심히 등퇴장 동선을 의논하더니 대기 공간으로 정한 복도로 우르르 나갔다. 나는 교실 앞의 중앙에 앉았다. 내가 이 귀한 공연의 유일한 관객이었다.

나는 아이들이 불러주는 〈빨래〉 넘버에 반해 최근에야

그 공연을 직접 보았다. 이렇게 말하면 믿지 않을 것 같지만, 나는 본 공연보다 아이들 공연이 더 재밌었다. 내가 한창 아이들과 연극을 만들 때도 그런 말을 줄기차게 하고 다녔다. 아이들의 연극을 일반 성인극의 기준에 준해 만들지 말자고. 대사 전달이 좀 안 되어도, 동선이 좀 효율적이지 못해도, 소품이나 의상이 화려하지 않아도 괜찮다고. 아이들이 무대 위에서 살아 있으면 된다고. 그런 것을 다듬으려고 하면 할수록 어린이연극은 특유의 활기와 생기를 잃어버린다. 무대 위에서 놀다 보면 저절로 만들어지는 장면들을 이어 붙여 하나의 극을 완성해야 한다. 그렇게 만들어진 아이들의 연극은 헐리우드 영화보다 훨씬 더 스펙터클하고 어떤 코미디 영화보다도 재미있다.

대사가 서툴고, 틀리고, 틀려서 웃어버리고, 그러다 다시 시작하고, 대열을 잘 못 맞춘 친구에게 (속삭이지만 다 들리는 목소리로) 여기 서라고 알려주고, 그래서 다시 제자리를 찾아가고, 서로 눈을 맞추며 응원을 하고, 연습한 대로 하기 위해 긴장한 표정으로 집중하는, 그 모든 순간들로 무대는 아주 충분했다. 어린이연극은 그런 것이다. 더 완벽할 필요가 없다.

무대가 된 과학실에서 아이들이 함께 웃고 움직이고 노래하는 걸 보며 이 티켓값은 과연 얼마인가 헤아려보게 되었다.

나는 뮤지컬 〈빨래〉를 '문화가 있는 날' 50프로 할인을 받아 3만 8천 원을 주고 봤는데, 이 무대는 아무리 생각해 봐도 값을 매길 수가 없을 것 같다. 굳이 돈으로 매기자면 한 3조 8천 억 원쯤으로 하겠다. 그러니 오늘은 갑부가 된 날이었다.

눈 오는 날

 간밤에 내린 눈으로 오늘 아침 학교 운동장은 하얗게 뒤덮여 있었다. 오늘은 과학 묶음수업이 두 반 있다. 묶음수업이라 시간 여유가 있으니 아이들이랑 운동장에 나가야겠다고 생각했다. 그것이 눈에 대한 예의, 겨울에 대한 예의, 어린이에 대한 예의가 아니겠는가.

 "이렇게 운동장에 눈이 하얗게 쌓인 날에 교실에만 있기는 아깝죠?"

 내 말이 끝나기가 무섭게 아이들의 눈이 반짝거리고 허리가 곧게 세워진다. 침을 꿀꺽 삼키며 다음 말을 기다리는 그 표정. 그 눈빛. 그 기운. 이런 날 어떻게 교실에만 있을 수 있을까. 교사가 아이들과 연결되어 있다면 그것이 얼마나 가당치 않은 일인지를 저절로 알 것이다.

 오늘 수업에서는 용액을 분류하는 활동을 한다. 각자의 감각을 이용해 단순하게 분류해보는 시간으로, 이후에 이어지는 지시약을 이용해 분류하는 활동과 연결된 차시로 구성해야 했지만 시간을 여유 있게 쓰기 위해 지시약 활동은 다음 수업으로 넘기기로 계획했다. 과거의 내가 어쩜 이리 현명했단 말인가. 이날 첫눈이 펑펑 올 거라는 사실을 예상이라도 한 것처럼!

아이들은 곧 나가서 놀 수 있다는 희망에 부풀어 최선을 다해 용액의 색을 관찰하고, 냄새를 맡고, 손전등을 비췄다. 모둠별로 관찰한 내용을 발표하고 나니 끝종이 쳤다. 이렇게 수업 태도가 좋다니, 이렇게 실험도구들을 순식간에 정리하다니!

쉬는 시간에 우리는 교실로 올라가 신발을 갈아 신고 모자와 장갑 목도리를 챙겨 운동장으로 달려 나갔다.

5학년 아이들은 키가 제법 크다. 하지만 겉보기에는 다 큰 것 같아 보여도 노는 모습을 한참 지켜보면 아직 얼마나 어린이인지 알게 된다. 지금 여기에서 최선을 다해 노는 어린이들. 몇몇은 눈을 뭉쳐서 지붕에 있는 고드름을 맞혀 떨어뜨리는 일에 열중하고 있다. 친구가 하나를 맞히면 같이 기뻐하며 박수를 쳐주고, 본인도 심기일전하여 눈덩이를 뭉친다. 미끄럼틀은 남한산성이다. 그렇게 다 같이 상상하기로 한 것이다. 남한산성을 사이에 두고 안에는 방어하는 팀, 밖에는 공격하는 팀이 있다.

―남한산성을 지켜라!

―모두 흩어져!

―저기로 모이자!

―넵 알겠습니다! 옛설!

한쪽에서는 미끄럼틀 계단에 있는 얼음을 제거하느라 땀을 뻘뻘 흘리고 있다. 아무도 시키지 않았지만 단지 얼음이 거기 있고, 손으로 떼어내면 떨어지기 때문에 하는 것이다. 큰 얼음을 하나 떼어내면 무척 뿌듯해한다. 그리고 꼭 나에게 그걸 보여준다.

멀리서 한 아이가 뛰어와 나를 어딘가로 데리고 간다. 발자국이 거의 없는 눈 덮인 장소를 발견했단다. "잘 들어보세요" 하더니 뽀드득 뽀드득 눈 밟는 소리를 들려준다. "여기가 제가 찾은 힐링 장소예요"라고 덧붙인다. 또 한 아이가 나를 불러 앞장 서더니 거기보다 더 먼 생태로로 걸어간다. 다리에 눈이 쌓여 너무 예쁘다는 것이다. 정말 그랬다. 나는 손이 시려서 웬만해서는 벗지 않으려고 했던 털장갑을 벗고 다리의 사진을 찍었다.

아이들이 노는 걸 가만히 볼 수 있는 시간이 귀하다고 생각한다. 학생들이 얼마나 어린이인지를 아는 것이 수업을 준비하는 데도 도움이 된다. 물론 가만히 있을 수 있는 시간이 그리 길지는 않다. 아이들이 지금도 끊임없이 나를 부른다. 그것은 그것대로 감사한 일이다.

나가는 글

학교를 떠나겠다고 수도 없이 결심해놓고 4년 동안의 교실 기록을 엮어 책을 낸다. 뉴스를 보며 세상이 이렇게 망하려나 생각하다가도 교실에서 다시 찾게 되는 건 어쩔 수 없이 희망이다. 교실에는 더 나은 사람이 되고자 하는 어린이들이 있고, 그 마음은 매우 진실되고 올곧으며 또 맹렬하다. 가르치는 일은 그런 마음이 가진 가능성과 매일 만나는 것이다.

그날의 교실은 꼭 그날 기록해야 했다. 어제의 교실은 이미 멀어져 글이 되지 않았고, 교실에는 매일 새로운 이야기가 쌓여갔기 때문이다. 학교에는 '이게 정말 교사가 할 일인가' 싶은 업무들이 산재하고 다음 날 수업을 준비할 시간은 늘 모자랐으므로, 항상 짧은 틈에 허겁지겁 썼다. 쓰지 않으면 아무 일도 없었던 것처럼 지워질 교실 이야기들이 아까워서, 여기서 이런저런 희망과 기쁨이 움트고 피어났다는 걸 나조차도 잊을까 봐 황급히 썼다.

그렇게 거칠게 써내려간 문장들을 다시 손봤다. 책에 실을 글을 한 문장 한 문장 거의 새로 쓰다시피 살펴 다듬었다. 글 속의 교실은 어제처럼 생생했고 문장에 담지 못한 그날의 날씨와 냄새, 아이들의 표정까지도 한꺼번에 되살아났다. 이 책에 나온 2022년에 내가 담임을 맡은 2학년 아이들은 올해 5학년이 되었고, 나는 과학실에서 뮤지컬 노래를 부르던 5학년 학생들의 6학년 담임이 되었다. 과거의 교실에서 현재로 돌아오면, 책 속 꼬마들이 훌쩍 큰 키에 아기티를 벗은 목소리로 인사를 건네오곤 했다.

교직만큼 자신을 성숙하게 하는 일이 직업적 성과와 밀접하게 연결된 직업이 또 있을까. 과거와 현재의 교실을 견주어보며 알게 되었다. 기록 속의 나는 점점 자라고 있었다. 스스로를 조금 더 편안하게 돌보며 학생들과도 더욱 진실하게 만나는 길을 내고 있었다.

나는 교사라는 역할 이전에 개성과 결함을 지닌 인간으로 아이들과 만나고자 했다. 교사가 자신의 서투름을 진실하게 내보이되, 성숙한 어른으로서 책임을 다하려고 노력할 때 학생들은 그 안에서 마음 놓고 자란다. 자신의 서투름에 너그러워지고 용기 내어 한 발짝 성장하려고 마음을 다진다. 그리고 자신이 가진 가장 좋은 것을 가지고 교사에게 온다. 그것이 교육의 가능성이고 교실의 희망이다. 그럴 때 교사도 자신이 가진 가장 좋은 것으로 학생들을 만나기 위해 노력할 수밖에 없다. 점점 좋은 인간이 되어 갈 수밖에 없다.

교직을 낭만화하고 싶지는 않다. 교직은 진정성만 가지고 할 수 있는 일은 아니다. 오랜 훈련과 숙련된 전문성이 필요한 일이다. 그러나 마음이 없으면 전문성은 껍데기에 불과하다. 학생들은 대번에 안다. 교사가 교사라는 역할을 방패나 껍데기처럼 두르고 있는지, 아니면 삶으로 자신에게 다가오는지. 그걸 알아보지 못하는 학생은 내 경험으로는 없었다.

교사가 자기 삶을 가꾸고 스스로를 돌보는 일은 단위수업을 계획하는 것만큼이나, 혹은 그 이상으로 중요하다. 수업은 결국 삶과 삶의 만남이기 때문이다. 훌륭한 교사들이 좋은 수업을 위해 수업 자료를 고안하고 연구하는 데 많은 공을 들이지만 가장 중요한 수업 준비는 교사가 자기 삶을 좋아하고 스스로를 돌볼 수 있는 상태로 존재하는 것이다.

개인의 삶은 오직 개인의 것일 수 없어서 우리는 결국 서로를 돌보고 세상이 나아지는 일에 관심을 가져야 한다. 교사가 교실에서 개별 교과 연구에만 최선을 다할 뿐 자신과 학생이 발 딛고 살아가는 현실 세계를 제대로 읽지 못하고, 세계의 부정의를 바로잡는 일에도 관여하지 않는다면 가르칠 준비가 되었다고 말할 수 없을 것이다. 때로 교사는 교실 밖으로 나가 부조리한 세상과도 싸워야 한다. 교실에서 가르치는 것을 교실 밖에서 실천하지 않는 교사의 말이 얼마나 가볍고 공허한 것인지를 두려운 마음으로 자주 생각한다.

학교를 둘러싼 환경이 점점 나빠진다. 학교에 따라서는 태평하게 교실 일기를 쓴다는 건 상상도 할 수 없는 교실도 있을 것이다. 교사와 학교를 통째로 흔들어대는 악성 민원을 피할 수 있는 학교에서 근무하는 것이, 현 시대 교사가 갖는 최대치의 행운이 되어버렸다. 만약 내가 이런 행운을 얻지 못했다면 이 책의 장르는 완전히 바뀌었을지도 모른다. 앞으로 얼마나 더 운이 좋을지는 알 수 없다. 하루치의 희망에 하루치의 힘을 내어 하루씩 버텨갈 뿐이다.

갈수록 힘들어지는 학교에서 교사의 마음을 놓지 않기 위해 오늘의 희망을 버텨내고 있을 동료들께 감사와 존경, 연대의 마음을 보낸다. 교사의 마음을 지키기 버거운 순간들에 나의 기록으로 조금은 버틸 힘을 얻기를 감히 바라는 마음으로 부족한 책을 세상에 내보낸다.

블로그에 찾아와 글을 읽어주시는 분들께 감사드린다. 덕분에 매일 쓸 힘을 얻는다.

마지막으로 교실의 작은 이야기를 귀하게 여기고 책으로 엮는 수고를 기꺼이 맡아준 위고 편집자님들께 감사의 마음을 전한다.

추천사

'오늘의 학교가 마음에 들었다'라는 책 제목이 이색적이다. 오늘날 많은 이들이 학교가 중병이 들었다고 말하고, 교사조차 학교에 가기 두렵다고 고백하는 것이 현실 아니던가? 궁금한 마음으로 책을 펼쳤다. 다른 일을 제쳐두고 하루도 안 걸려 최 선생님의 책을 완독했다. 한번 읽기 시작하면 손에서 놓을 수 없는 교단 기록들이라고 해야 할까? 책 제목과 달리 최현희 선생님의 교단 일지는 4년의 기간 동안 아이들을 만나고 보듬고 한 뼘의 성장을 위해 기다리며 인내하는 고군분투의 연속이었다. 읽는 내내 때로 감동하고 때로 눈시울이 뜨거웠다. 그리고 사랑이야말로 교사의 전문성이라고 주장하는 대목에서는 우리 교육이론이 가장 중요한 것을 빼놓고 사변적인 논의만 하고 있다는 반성이 일었다.

이 책은 학교의 현실을 다루는 교단 일지이며, 가르침의 장을 펼치는 수업 일지이며, 교육자로서 최 선생님의 삶이 파노라마처럼 담긴 소중한 삶의 일지이다. 수업 연구자로서 나는 이런 글을 읽고 접할 수 있음이 가장 행복한 순간 중 하나이다.

내가 수업을 연구하는 중요한 까닭 중 하나는 그곳이 공교육의 최전선이라고 생각하기 때문이다. 최 선생님의 기록은 그 공교육의 최전선에서 오늘 무슨 일이 일어나고 있으며, 그곳에서 아름다운 관계 맺음과 배움과 성장을 이끌어내기 위해 한 교사가 어떻게 시시포스의 돌과 같은 무거운 숙명을 감내하고 있는가를 너무도 잘 보여준다. 그리고 우리 교육 담론과 교육 정책이

저 교실의 학생과 교사의 호흡과 목소리를 경청하는 눈높이까지 낮아져야 한다고 웅변한다.

책을 읽으면서 문화와 제도가 주는 적지 않은 형극을 양어깨에 짊어지고 오늘도 학교가 '마음에 드는' 장소가 되도록 분투하는 최 선생님의 모습이 자꾸 떠올랐다. 부디 최 선생님이 건강하셨으면 좋겠다. 외롭지 않았으면 좋겠다. 최 선생님과 동료들, 우리가 모두 함께 만들어가는 학교가 각자의 상처와 사연 속에서도 좁은 둥지를 딛고 높은 날갯짓을 시도하려는 모든 아이의 이름이 온전하게 호명되는 곳이면 참 좋겠다. 그리고 그들의 성장을 조력하며 함께 성장하는 교사들의 아름다운 기록이 자꾸자꾸 쌓여가면 좋겠다. 아마도 그런 기록을 담은 다음 책의 제목은 '내일도 학교가 마음에 들겠지'가 아닐까 한다. 최 선생님의 아름다운 다음 기록의 여정이 벌써 기대된다. 그리고 그 이야기가 오래도록 이어지기를 소망한다.

이혁규(청주교육대학교 교수, 전 총장)

한 사람의 선생님이 학생을 사랑하고 도전하고 무너지고 다시 일어서면서 찾아낸 하나의 길이 이 책 안에 있다. 학교 바깥에서 학교를 나무라는 말들은 적당한 외면을 권한다. 모두를 차곡차곡 지치게 만들고 언제부터인가 울 힘마저 빼앗아 갔다. 그런데 이 책을 읽으면서 나는 저절로 같이 울었고 최고샘의 교실 안에서 자라는 아이들처럼 키득키득 웃었고 점점 머릿속이 맑아졌다. 이 교실에서 책 밖으로 손을 내민 자유로움이 내 얼굴을 만지는 것 같았다.

  선생님과 학생들이 저마다의 얼굴로 유일하게 빛나는 곳, 진심을 다한 말이 가만가만 곁에 다가올 때까지 기다려주는 곳, 미세한 움직임에서 서로 끝까지 눈을 떼지 않는 곳, 작은 마음들이 부딪히고 끊임없이 아파하는 곳, 스스로도 이만큼 자란 줄 몰랐던 커다란 너그러움 속에 손잡고 안기는 곳, 학교는 그런 곳이라는 걸 왜 믿지 않았을까. 최고샘은 그 믿음을 자신의 곤란을 서슴없이 털어놓음으로써 증명한다.

  혐오와 차별이 독버섯이라면 이 책에는 그 독버섯이 뿌리내릴 틈을 주지 않는 땅에 대해 믿게 만드는 힘이 있다. 너도나도 요란하게 교실의 재미를 말하지만 진짜 재미가 자라는 교실은 따로 있다는 걸 알겠다. 최고샘과 아이들은 차별 없이 고르게 사랑을 나누는 땅에서 재미가 자란다는 걸 보여준다. 선생님이 즐거워야 재미있는 학교가 태어난다. 학교에 대한 희미한 의심을 거두지 못하는 분들에게 권한다. 학교의 탄생은 가능하고 이미 어딘가에 있다. 이 책을 읽고 나는 단단히 설득당했다. 조용하게 재미있는 선생님들을 믿고 지지하는 시끄러운 응원단이 되기로 결심했다.

김지은(아동청소년문학평론가)

최고샘은 최고다. 나는 최고샘을 이렇게 소개하고 싶다. "부산스럽게 말하고 움직이며 혈기왕성하고 잘 까부는 사람. 수업의 형식과 내용을 통과해 학생들과 인간 대 인간으로 만나고 싶어 하는 교사. 그리고 그 닿음을 위해 불편과 위험도 기꺼이 감수하는, 그런 자신을 좋아하는 사람." 최고샘은 솔직하고 용감하게, 학교에서 배우고 익힌 진실을 전한다. 인간은 서로 닿을 때 자란다는 것, 안전하게 함께 있을 때 즐겁고 행복하다는 것, 그리고 그때 느낀 따뜻함이 삶과 관계를 지속하게 하는 힘이 된다는 것을.

최고샘이 그린 오늘의 학교 이야기는, 아이들과 안전하게 닿기 어려운 교육 환경에서 써내려간 진중한 일기이자, 인간이자 교사로서의 성장담이다. 그는 한 명 한 명의 마음에 귀 기울이면서도 교실 전체가 서로를 품고 성장하도록 이끄는, 어렵고도 아름다운 일을 계속 해나가고 싶다고 말한다. 건강하고 유연하게 아이들을 기다리고 손을 내밀며, 그들이 마음껏 자랄 수 있는 환경이 되고 싶다고. 나는 최고샘과 오늘의 학교에 이렇게 답장하고 싶다. 선생님들이 편안하게 울고 웃고 가르치도록 돕는, 그래서 아이들이 행복하게 자랄 수 있도록 돕는 그런 이웃이자 환경이 되고 싶다고.

안주연(정신건강의학과 전문의)

오늘의 학교가 마음에 들었다

초판 1쇄	2025년 10월 20일

지은이	최현희
편집	이솔림
디자인	박연미
제작	세걸음
마케팅	고서연

펴낸곳	위고
펴낸이	조소정
등록	제2012-000115호
주소	경기도 파주시 광인사길 209, 302호
전화	031-946-9276, 9277
팩스	031-696-6729

hugo@hugobooks.co.kr

ISBN 979-11-93044-37-7 03810

이 책 내용의 일부 또는 전부를 재사용하려면 반드시 저작권자와 출판사 양측의 동의를 받아야 합니다.